U0072925

科学的に幸福度を高める50の習慣

錢能買到快樂嗎？

50個習慣，運用正向心理學
提升每一天的幸福！

島井哲志——著
黃筱涵——譯

前言

各位是否過著充實的生活與幸福的人生呢？

只要一想到工作壓力、煩惱或是打掃房間等一直拖著沒做的日常小事，恐怕會覺得很難稱得上是非常充實的幸福生活。

但是這樣的你，也可以變得幸福。

憲法主張國民擁有追求幸福的權利。然而各位不會因為這項權利就感到幸福，必須將幸福人生的祕訣培養成生活習慣才行。只要確實養成習慣，自然就能變得幸福。

所謂的祕訣通常必須由該領域的「專家」傳授，而且聽到「祕訣」往往會期待有決定性的準則，只要遵守該準則即可實現。

遺憾的是，我並不是什麼幸福專家，我的人生也沒有單純到遵守特定準則就能夠幸福的程度。但是我並非幸福專家卻有個優點，那就是我所介紹的都不會是什麼天選之人才辦得到的方法，任誰都能夠實現。

本書將從正向心理學這種較新的心理學角度去探討幸福的祕訣。首先會向各位介紹正向心理學的研究成果，再從中提出能夠幫助各位更幸福的生活習慣。

正向心理學的研究是二十年前左右，由賓州大學的馬汀・塞利格曼所提出的。該研究發展速度飛快，相關的新研究如雨後春筍冒出。

這些研究的特徵是並非單純的新想法，而是用科學去實證各種理論，想必未來還會出現許多新的研究吧？也就是說，本書所介紹的祕訣並不會是最終的答案。

正向心理學的特徵是「重視積極情緒」。我們人類，甚至是至今的心理學家們總是習慣著眼於悲傷、憤怒與不安等負面心理活動。

畢竟消極情緒能夠幫助人類察覺危險，因此會有這種傾向也是理所當然的。我們的祖先學會了閃避危險有助於生存的道理，使現代人也繼承了重視消極情緒的性質。

但是這並不代表積極情緒毫無意義。積極情緒能夠帶來安全感、感動以及挑戰的意願，同時有助於牽繫我們與家人、身邊的其他人。

正向心理學研究的是幸福與充實的人生。儘管如此，正向心理學並不會探討「何謂幸福」這種追究根源的議題，這屬於哲學與倫理學的領域。正向心理學研究的是「覺得自己幸福的人擁有什麼樣的特徵」，且已經透過目前的研究解開了這類人的習慣特徵。因此本書將以淺顯易懂的方式，介紹這類人會表現出的行為與思考方式。

此外本書一如諾貝爾經濟學獎得獎者——心理學家丹尼爾・康納曼的提議，將支撐人類行為的系統概分成兩類。

這兩個系統的名稱五花八門，不過在心理學家之間已經是種常識。

一種是會仔細思考各種條件後作決定的「邏輯式思考（慢想）」，這種冷靜且具邏輯性的思考方式相當有用。採用這種思考方式時，能夠清楚理解自己的想法，並且能夠說明自己的行為原因。

第二種是日常生活中用來快速做出判斷的「直覺式思考（快思）」，但是會牽扯到幹勁、欲望與動機等情緒，所以未必會意識到自己的真實想法。這種思考方式稱不上有邏輯，很容易受到社會上的偏見或是輕微的誘導影響。

這兩個系統會在日常生活中，以互補的方式運作。

凡事都要仔細思考的話會拖累日常生活，但是連重要的事情都僅憑直覺判斷的話，可能就會在簽下重要契約等的時候遇到麻煩。

讀完本書後開始思考今後該怎麼行動時，就屬於「邏輯式思考」。

但是要讓經過思考後決定的行為持之以恆，則需要直覺式思考輔助，為此必須留意自己的直覺式思考並搭配適度適時的情緒。只要能夠靈活調配「邏輯式思考」與「直覺式思考」，就能夠與那些覺得自己很幸福的人一樣，擁有提高幸福感的生活習慣。

錢能買到快樂嗎？50個習慣，運用正向心理學提升每一天的幸福！　目錄

第1章 職場

第2章

日常生活習慣

第3章

日常思考方式

第4章

人際關係

第5章
娛樂、興趣

第1章

職場

1 樂於挑戰

各位是否有聽說過**心流（flow）**這個名詞呢？

克萊蒙研究大學的心理學家米哈里・奇克森特米海伊（Mihaly Csikszentmihalyi）注意到一個獨特的現象後，加以研究後稱其為心流。

心流，指的是在從事某種行為時，快樂到忘我的狀態。

心流的特徵是從事該行為時**會感到滿足**、**全心全意**、**專注且擁有控制感**。由於快樂的時光總是過得飛快，因此米哈里教授便依這種流動的概念將其命名為「心流」。

日本的心流相關研究，則由米哈里教授的學生——法政大學的淺川希洋志教授引領，目前已經確認日本人同樣是心流經驗愈多的人，生活上就愈容易感到滿足與充實。也就是

說，體驗心流狀態同樣有助於打造幸福生活。

據說大部分人最常進入心流狀態的就是運動時。這是因為運動很容易達成要引發心流的條件。

以網球為例，打網球的目標非常明確，就是要將球打進對方的範圍內，與旗鼓相當的對手交戰時，打出每一球時都能夠立即從對方還手的狀態，感受到自己的成果，所以特別容易進入心流狀態。

引發心流的重要條件包括**目標明確、能夠立即獲得回饋、感受到自己確實掌控著狀況、目標與自己的能力相符、努力就能夠達成**。與實力相距甚遠的對手打網球時，是無法產生心流的。

各位現在是否正在挑戰某些事物呢？這份挑戰是

否讓你覺得目標太高太難，不僅感受不到樂趣，反而還陷入不安與壓力狀態呢？

這就代表在引發心流狀態之前，還需要稍微調整當前課題的難度才行。

另一方面，也可能當前沒有挑戰的事物，只是順理成章地持續著能夠輕易辦到的事情而已。或許這件事情只是消遣用，不過仍請各位仔細想想自己是否樂在其中導致覺得時光飛逝，或者是這件事情能否帶來某種成果（技能提升等）。

如果無助於技能提升，結束後也不會有完成某件事情的充實感與成就感，單純覺得疲憊而已就應特別留意。因為這件事情沒辦法讓人打從心底覺得充實。

各位是否覺得在職場上很難引發心流狀態呢？這或許是因為主管交派給部下的工作，都是符合能力所以能夠確實完成的工作，而非必須努力挑戰才能完成的。

此外世界上有種工作被稱為「體力勞動（Manual labor）」，這種工作恐怕就很難引發心流狀態了吧？

關於這一點，米哈里教授舉了一位令他印象深刻的清潔工。

這個人在打掃的過程中，不像其他人一樣將其視為單純的清潔工作，**他會在能力所及的範圍內追求最佳成果，並且挑戰自己的能力極限，結果因此引發了心流狀態**。當然這也使他在這個領域端出了其他人難以比擬的絕佳成果。

當這個人發現清潔工作已經沒有任何可以挑戰的事物時，就毅然轉換不同的工作，找到進一步的挑戰。就像這樣，在自己現正面對的職場中，盡自己所能挑戰最好，即使目標很小也要每天持續，這正是通往心流的捷徑。

此外有許多頂尖運動員與知名音樂家都會挑戰自己的極限，並藉此獲得心流經驗。這些人都不是一開始就擁有高超的技巧，而是持續克服眼前的課題，一步一腳印地邁向卓越的等級。

工作占去我們大部分的自由時間，所以希望各位能想辦法在職場找到享受挑戰，進而充實人生的方法。

2 工作時維持自律

各位是否聽過**工作塑造（Job crafting）**這個名詞呢？

由於工匠的技藝就稱為Craftsmanship，從這個角度來看，就是要像工匠一樣**認同自己的專業價值，並要秉持著身為專家的責任，對自身工作有所堅持**的意思。

事實上，我認為能夠跳脫所有體制獨立創業，徹底按照自己想法工作的，恐怕只有被譽為人間國寶的工匠等比較特別的人物吧？

儘管如此，各行各業仍擁有各自的「職人魂」，即使身處的體制沒有特別要求，仍設有絕對不能退讓的界線，以確保最終提出的成果符合自己的標準。

但是要發揮工作塑造這個概念的前提，**是工作上的選擇並非全由公司決定**，也就是說，

具備自律性的工作

擁有部分決定權➡更容易感受到工作的意義且更加講究

工作者本人必須擁有一定程度的決定權。

這就稱為**自律性**，據信**具有自律性的工作能夠帶來工作塑造，進而帶來幸福**。近來也開始有公司為了提高職場上的自律性，努力幫助員工感受到工作的意義。

前述介紹的內容出自墨爾本大學的斯倫普（Gavin R. Slemp）等人的研究，他們找了兩百五十位社會人士，分析其感受到的自律性程度。

其中「我的主管會詢問我對工作處理方式的想法」這個項目不僅能夠確認自律性，還能夠確認公司協助員工建立自律性的程度。

此外研究也測量了工作塑造的程度、工作滿足感與職場福利，確認其與自律性的關聯性。

也就是說，這場研究想確認的是在環境協助的情況下產生自律性後，是否會帶來工作塑造，進而引發工作的喜悅並衍生出在職場的幸福感。

這樣的思維與公司人事部門相同——只要稍微調整勞動條件，以提高員工的自律性，自然會有更多員工在工作時更加講究，進而帶來良好的成果。當員工能夠帶來良好成果時，業績當然就會提升，進而使員工進一步感受到工作的意義，人事管理自然也會更加順利。

從研究的結果來看，**公司對產生自律性的協助愈高，就會帶來愈多的工作塑造，而工作塑造則有助於提升工作時的滿足感與幸福感**。

由此可知，自律性能夠直接提升幸福感。由於自律性與工作塑造會互相影響，因此推測兩者都有助於促進幸福感。

如前所述，站在公司的立場，賦予員工自律性能夠帶來工作塑造，有助於帶來優良的成果，因此在管理上給予更充足的自律性，也有助於提升整體企業成績。

那麼各位在工作時，有多少事情能夠自行決定呢？

你的主管願意開放多少權限，幫助你獲得更多的自主權？你是否因此產生對工作的講究，或是感受到工作的意義呢？如果當前的工作環境無法幫助你感受到這些，會不會是因為管理者並沒有提供足夠的自主權？

這場研究在評價自律性程度時，除了前面的項目，還包含「主管會確認我是否理解工作目標，以及實現該目標的必備條件」、「我願意坦白告知主管自己的工作狀況」。

這是因為**要在職場上擁有自律性之前，必須先能夠確實處理自己的工作，包括明白自己在工作中應盡的事宜、自己能力所及的範圍，同時也不需要向他人隱瞞自己的工作狀態**。

所謂的「工作自主權」，必須有事實佐證才行。也就是說，不需要主管一一下指示，就能夠確實完成份內工作。

如果你覺得需要更多在職場上的自主權，那麼或許盡力去爭取會是實現工作塑造的第一步。至於爭取的方法可能是說服主管，也可能是提升自己的工作品質。

3 感受工作的意義

「**敬業度（Work engagement）**」是烏特勒支大學的薛費利（Wilmar B. Schaufeli）教授提出，指的是**使工作更具意義的作法**。慶應義塾大學的島津明人教授也參與了研究，認為其特徵是與工作相關的正面充實心理狀態，會充滿活力熱情並沉浸其中。

敬業度高到一定程度時，會對工作內容興致勃勃，並以強大的能量投入工作，甚至達到忘記時間流逝的程度。而這也是一種**會帶著驕傲，認為自己的工作具有意義的狀態**。處於這種狀態的人，當然能夠透過工作實現幸福。

但是現在還無法輕易斷定究竟是敬業度高導致幸福感水漲船高，還是因為幸福感高才提高了敬業度。目前已知幸福的人們想像力豐富且充滿創造力，所以敬業度通常也會比較高。

什麼是「敬業度」

透過工作實現幸福

話說回來，本身幸福度不高的人對工作產生熱情時，工作時的滿足度自然會提高。從結果來看，這樣的人感受到的幸福會比產生熱情前更加顯著。

如果你察覺自己的敬業度還不太高，試著提升將有望感到更幸福。想要提高敬業度的話，不妨試著先充實自己的生活，整頓出能夠對工作產生熱情的條件。

無論如何都沒辦法提高敬業度時，或許可以考慮轉換跑道，從事能夠覺得驕傲並且感受到意義的工作。不過轉換跑道是相當重大的決定，必須做好充分的準備才行。

身為大學教職員，為了隨時在課堂上提供最新資訊，必須耗費龐大的時間做準備。這或許令人光想到就覺得沉重，但是每次為了獲得新資訊而開始閱讀論文時，就會感受到樂趣，甚至連毫無關係的論文都一起讀了，到達忘記時間的地步。

各位在工作時或許和我一樣，雖然不至於對整體工作都充滿熱情，但是仍會有特定項目一旦開始後就會沉浸其中。想要提升敬業度，就必須懂得活用這樣的項目。

但是各個國家對敬業度的定義其實各有不同，薛費利教授也調查了歐洲各國的敬業度與幸福感關聯性。

由於是以國家為單位，所以這場調查並未著重在個人敬業度，而是放眼整個群體。對敬業度造成影響的主要原因，包括了當事人在工作時能夠享有多少主體性？能否感受到自己應盡的責任？而工作內容與企業文化，則會對其產生莫大的影響。

從這個角度來看，整個國家擁有共通的社會因素，以企業或國家為單位比較敬業度是有其意義的。

結果發現歐洲各國的敬業度中，荷蘭、比利時、法國與丹麥等西北歐國家和奧地利、瑞士偏高，希臘、葡萄牙等南歐與巴爾幹半島國家、土耳其則偏低。

敬業度較高的國家，對工作的滿足度與幸福感數值也偏高，也就是說即使以國家為單位，仍獲得了敬業度與幸福度有關聯性的結果。

整體來說，經濟活絡且生產力高的國家，有工時較短且敬業度較高的傾向。

其次，民主體制、性別歧視少且貪汙程度輕微的國家，也有敬業度較高的傾向。也就是說，從國家的角度來看，想要提升國民敬業度，民主公正的社會是不可或缺的。

目前已知要提高敬業度的話，**必須制定明確的目標，且實現目標的管道也必須是多元且積極的**。

人們在思考敬業度時，往往會聚焦在自己與工作的關係性。但是**懂得運用自己手頭上的資源，藉由環境或是正面態度強化自己的想像力等，才真正有助於提高敬業度**。

4　堅信自己有心就辦得到

各位在工作時是否認為「自己有心就辦得到」呢？

有研究發現抱持希望、樂觀等心理資本，在工作上同樣占有重要的地位。

內布拉斯加大學的路桑斯（Fred Luthans）教授站在人力資源管理（Human resource management, HRM）的立場，研究了有助於引發正面行為的個人資質，並稱其為「心理資本（PsyCap）」。

路桑斯根據長年做的職場研究為基礎，選出了四項可在職場派上用場的心理資本。

分別是①**希望**、②**自我效能（自我效力感）**、③**復原力**、④**樂觀**，可以說是在職場打滾的四大祕訣。

路桑斯等人透過兩項研究，確認這些心理資本與工作時的自我評價和幸福感的關聯性。兩項研究的研究對象都涵蓋製造業、服務業、政府機關、非政府組織等各種領域的工作者，不過，在第二項研究裡又加入了管理階層。

進一步來說，第一項研究是請接受調查者自我評價，確認自己與職位相當的同事比較起來，工作成果大概落在什麼水準。第二項研究除了前述內容外，還請管理階層從旁觀者的角度，一一評價這些接受調查者。另外也調查了工作滿足感與幸福感等。

從這些調查發現，會影響到工作滿足感與幸福感的心理資本有兩個，分別是**希望——正滿懷熱情想要實現的目標**，以及**樂觀——即使狀況不明朗，仍堅信自己一定辦得到**。

雖然將希望與樂觀當成兩回事，但以一般情況來說兩者的性質相似，都是「期待順利獲得成果」。

而研究中將希望定義為主觀的狀態與判斷，並將樂觀定義成「習慣」這種可以由旁人評價的性質。

堅信自己有心就辦得到，有助於提升成果與幸福感

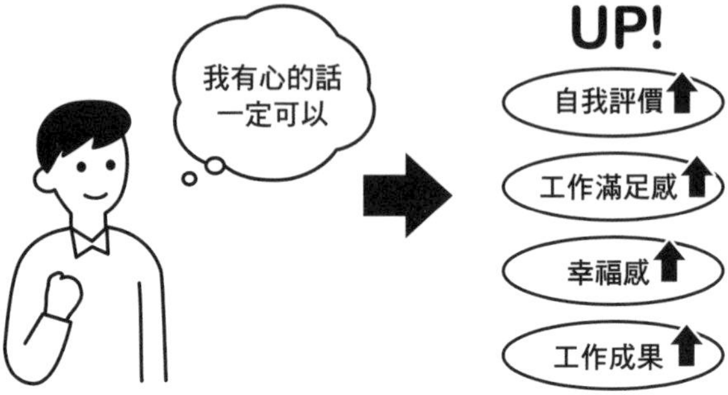

雖然屬於結果論，不過**從這些研究可看出在工作時滿懷希望，就會給予自己相當好的自我評價，**且希望也**有助於提升工作滿足感與幸福感**。

那麼管理階層對工作成果與實績的評價（旁觀者評價），與心理資本有什麼關聯性嗎？

結果確認工作成果與實績的評價，會受到樂觀程度影響。所謂的樂觀，就是指在他人眼裡看起來夠不夠積極。

由於第二項研究必須請管理階層提供實績評價，參與的門檻比較高，導致調查樣本數較少，但是**仍顯示了在職場要提高成果時，樂觀與希望都相當重要，而這兩個心理資本也影響了幸福感**。

有些人或許認為**「無論什麼情況，自己應該都辦得到」**這種想法只是種自我滿足，意即就算成果不盡理想，仍會告訴自己這樣就足夠了。相信也很多人認為秉持著「可能會不順利」的想法，戰戰兢兢去執行工作比較好。

然而從研究結果來看，**認為自己有心就辦得到不僅是種自我滿足，不僅能夠在旁人眼裡營造出努力的形象，實際上也確實對績效的提升有所助益**。

各位覺得如何呢？

相信各位也能夠同意，想要對職場感到滿意並且快樂持之以恆的話，將實績提升到自己覺得滿足，其他人也給予好評的程度是很重要的。

想要實現這個條件時，當然需要相應的實力。但是面對超出實力的事物，也相信自己辦得到的話（抱持只要有心就能夠成功的希望），這樣的心理資本或許能夠成為重要的基礎。

各位當然不需要卯足勁在眾人面前宣告自己一定辦得到，首先請學會相信自己吧。

5 看見工作光明的一面

內布拉斯加大學的路桑斯研究室，是從經營學與組織心理學的角度探討職場幸福問題的團隊。

他們的觀點之一就是「正向組織行為（Positive organizational behavior,POB）」，一如正向心理學的觀念，職場內部在培育員工時，應著眼於正面積極的行為而非問題行為。

事實上有些正面行為，甚至必須在職場這種團體生活中，才能夠真正發揮效果。

也就是說，正面行為當中也有所謂的「職場專用型」，從個人的角度來看，這也可以說是擁有幸福職場生活的祕訣。

從經營的角度來看，正面行為即相當於正面的人力資源管理。

專注於工作的光明面

能夠為社會
帶來貢獻
能夠在職場
派上用場
➡工作滿足度、實績 UP！

路桑斯團隊在研究與正面行為有關的心理資本之一「樂觀」時，請受調查者針對「我總是能夠看見自己工作的光明面」做出自我評價。

也就是說，從工作的層面來看，所謂的「樂觀」是指**看到眼前有自己能夠執行的工作時，會聯想到這代表自己能夠對社會或某個人做出貢獻**。

這場研究是以保險公司與高科技製造公司為主要對象，探討了樂觀等心理資本與工作滿足度、實績之間的關係。

結果參與的所有公司都得到了**員工愈是樂觀，工作滿足度與實績就愈好**的結論。

此外除了單獨評價「樂觀」外，研究還調查了四大心理資本（希望、自我效能、復原力與樂觀）的綜合效果，確認同樣有助於提高工作滿足度與實績。從這個結果也可以看出，均衡的四大心理資本在職場上同樣很重要，不能僅著重於單一條件。

工作有形形色色的面向，必須先制訂計畫再執行，遇到課題也要想辦法克服。身處職場就必須懂得像這樣從各個面向去完成任務，從這個角度來思考的話，或許就能夠明白為什麼四大心理資本都很重要了吧？

此外在執行工作時，也必須懂得善用這些心理資本才行。

那麼樂觀與工作有什麼樣的關係呢？

樂觀，指的其實就是態度。有些人工作時毫無幹勁，無論面對什麼樣的工作，都會認為「多費點心力也毫無意義」。但是**有些人即使面對看在旁人眼裡很單調的工作，也會認為「能夠為某個人做出貢獻」，胸懷驕傲與熱情，隨時探索著「更好的做法」**。這種面對工作的方法，就是所謂的態度。

不過，態度已經算是一種面對事物的習慣了，很難視情況調整。同樣地，個性也是如此，雖然不是與生俱來且絕對不變，但是往往會隨著時間拉長而逐漸內化為難以改變的習慣。但是只要稍加留意，並透過反覆的調整修正，依然有望改善。

或許大多數的人面對工作時，都無法只看到光明面，同時也會考慮到黑暗面的存在。但是這份工作是否能夠為某個人的滿足與幸福做出貢獻呢？像是工作上有接觸的人們，或者是沒有直接見面，但是仍在公事上有關聯性的人們。

這份工作能否對社會帶來幫助呢？又為什麼樣的人做出了什麼樣的貢獻呢？現在負責的工作，在職場又派上了什麼用場呢？

請各位試著比以往更重視工作的光明面吧。著眼於自己辦得到的事物，對提升幸福度來說是相當重要的。

6 受挫後要立即振作

影響工作結果的因素五花八門，並不是努力就一定有成果。可能是接到的任務不符合潮流，可能是交涉對象太強勢，就連同事間的互助體制不完善也可能導致失敗。

這時最重要的心理資本就是**復原力**。**復原力**，指的是**重新振作的能力，在面對壓力時非常重要**。

這邊想從內布拉斯加大學路桑斯教授主導的組織行為（ＰＯＢ）研究中，取工作不順利時能夠活用的「復原力」加以探討。

這場研究設定了「在工作中受挫時，從恢復到重新行動之間不需要花太多時間」，藉此評價受調查者的復原力高低。

復原力＝重新振作的能力

即使受挫了也能夠立即振作

事實上復原力與希望具有強烈的關聯性，但是與樂觀的關聯性沒那麼高，由此可推測，復原力或許是「希望」的另一個面向。

希望指的是在一般（或是順風的）狀況下，相信今後肯定會順利發展，而這可以說是幫助我們朝著目標努力的力量。相對之下，**復原力**或許可視為**在逆風的情況中仍可發揮功效的希望**。

至於復原力登場的時機，通常是遇到困難或是危機等特別的情況吧？

但如前所述，這類情況在職場上稱不上罕見。既然身在職場就難避免，**那麼遇到挫敗時，是否擁有振作的能力就非常重要**。

不過從研究結果來看，看不出復原力與工作滿足度有太明顯的關聯性。或許是因為復原力並非幫助我們感到滿足與幸福的能力，而是**防止邁向不幸的能力**所致吧？

從路桑斯教授的研究可以發現，相較於僅復原力偏高的人，包含復原力在內的整體心理資本分數較高者，較能夠兼具偏高的工作滿足度與實績。由此可知，無論是工作滿足度還是實績，都不能只重視復原力，必須與其他能力相輔相成才能真正發揮功效。

工作不會總一帆風順，往往會受許多意料之外的因素影響，不少人甚至被社會情勢攪得暈頭轉向。而人際關係方面的問題，也很容易成為職場上的一大障礙。既然如此，**面對這類心理壓力時的復原力就甚為重要**。

從人際關係的角度思考時，會發現在社會中做人處事的技能中，復原力占據著核心地位。當然，兼具細心、顧及他人感受與領導能力等或許也是一大重點。

因此，路桑斯教授提出了積極的人力資源管理，以促進員工的復原力形成。在此之前的人力資源管理，可以說是輕視甚至是無視了復原力。

積極的人力資源管理提出三個策略，活化員工與企業的復原力。分別是預防壓力生成的風險管理、強化個人與企業持有資本的資本管理，以及認知能力的歷程管理。

第一項風險管理策略，重視的是風險的避免與降低。透過發展心理學的研究已知，**強化由人際關係與社會關係等組成的社交網路**有助於提高復原力，因此站在預防各式風險的角度來看，企業內部建立**互助合作的風氣與文化**將帶來莫大的效果。

第二項資本管理策略，則利用個人擁有的資源，**培育出適當的知識、技能、能力與社交網路等**，以便應付無論如何都避免不了的風險。因此在雇用狀況不穩定的情況下，企業提供研修、在職教育訓練與獎勵就顯得格外重要。

第三項歷程管理策略，則是期望**藉由改變看待或解釋事物的角度，採取新的應對方式**，以降低各種風險所帶來的影響。

想要提高復原力，就必須懂得靈活運用這三項策略。除此之外，從日常做好應付各種風險的準備，以及將壓力視為機會的心態也相當重要。

7 在職場上主動釋放善意

即使釋放善意的對象是日後不太可能再見面的過客，或是誰也沒注意到的場合，光是這麼做就可能因為感受到「自己親切待人的幸福」，對自己產生潛移默化的效果。

當然，能夠對他人釋放善意的前提，往往是因為先獲得滿滿的善意所致。將獲得的善意回饋出去的思維，背後所蘊含的意義是屬於精神層面的。

善意對人際關係造成的影響，其實比我們想像的更加深遠。舉例來說，即使感受到同住家人為自己做了某件事，或是對自己釋放善意時，往往不會特別開口道謝。

但是職場擁有截然不同的社會文化，大家都是帶著特定社會性目標聚集在此，並共同形成體制＆依體制為基礎的人際關係（主管、同事等）。在這裡接收到了善意時通常得答謝或是回報對吧？或許是這種必須有所表示的義務感，讓職場上的善意更容易帶來幸福感。

人的一輩子中具備自主能力的時期裡，工作就占了相當大的比例。雖然有些人從事自由業或是能夠獨立作業，但是以現代來說，仍有大量的人得耗費大把時間在職場的團體生活。從這個角度來看，就可以得知職場上的幸福極其重要。

那麼具體來說，在職場該怎麼做才能夠感到幸福呢？

這裡要介紹的是索妮亞・柳波莫斯基（Sonja Lyubomirsky）教授的研究團隊，以「善意」為主題所實踐的研究，而他們的研究對象則是西班牙的可口可樂公司。

首先他們將參與研究的人員隨機分成①釋放善意組、②接收善意組與③無指定組。釋放善意組必須對接收善意組表現出親切的行為，接收善意組不可以告訴別人獲得了哪些善意。無指定組則與其他兩組的人填寫同樣的報告即可，內容包括自己在職場上的正面行為、負面行為與幸福感等。

釋放善意組必須在每週一從接收善意組的十個人中挑選一人，再從每週更新的善舉清單

（主動請對方喝飲料、在對方沮喪時搭話、寄送感謝信函等）選擇執行的項目。

結果如何呢？各組別的參與者都不知道具體的研究內容，但是接收善意組都注意到自己獲得了比平常更多的善意。

儘管研究團隊沒有要求接收善意組對他人表現友善，**但他們也做出善行，且對象不只是曾對自己好的人，而是擴大到其他人**。也就是說，他們的善舉並不是為了報答。

此外從幸福感相關指標來看，可以確認釋放善意組在實踐完這些課題後，自律性與自信同時獲得提升；接收善意組則有自律性增加的傾向。

釋放善意組的自信隨著完成研究團隊交辦課題而增加，不僅憂鬱傾向偏低，還對人生感到更滿足；另外**接收善意組**則顯現出**主觀幸福感提高的結果**。

研究團隊後來也持續追蹤這些人的狀況，發現儘管兩者剛開始各方面的數值，都與無指定組差不多，但是**釋放善意組與接收善意組**都逐漸提升了**對工作的熱情並感受到工作的意義**，其中釋放善意組的幸福感更是變得非常高。

善意的循環

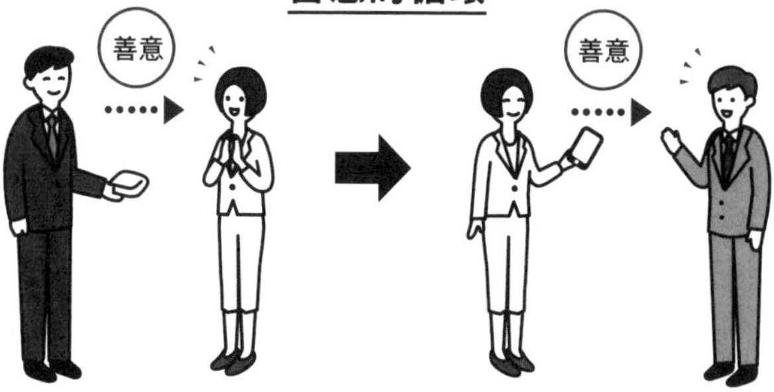

不僅回饋給曾幫助過自己的人，同時也會主動向他人釋放善意

從以往的研究也可以看出，**充滿善意的職場較不易出現過勞問題，員工的同理心與生產力較高，幸福感也會隨之提升**。

雖然我們無法隨心所欲地選擇職場，但至少可以試著改變環境。心情低落時，更應該試著對他人釋放善意，藉由幸福感克服內心的鬱悶。

「善有善報」的道理在職場同樣通用。即使我們沒有獲得直接的回報，對方也可能因此對他人友善，進而在某種情況下間接回饋到自己身上。

雖說善報這種概念太過虛無飄渺，不過將目光拉到眼前，其實光是感受到自己對他人有所助益，就能夠提升自信且認為自己的存在是有價值的。

8 重視職場上的溝通

現在有一種技術，能夠檢測出「面對面溝通時的狀態」。

這項技術是由矢野和男教授與其團隊所開發，並於二〇二〇年榮獲國際協會IEEE（致力於最先進電子技術研究）頒發Frederik Philips獎。

他們研發出的是一種卡片型感測器（以下稱溝通感測器），可以像佩帶工作證一樣懸掛在脖子上。感測器內建加速規（感應振動狀況以供研究或測量的技術），會記錄在一定距離下對話時的上半身狀態，將其化為數據呈現出來。

人類的上半身動作會隨著溝通狀態有不同的傾向，這款卡片型感測器就活用如此傾向，用加速規測量了人們在面對面溝通時的狀態。

職場上的面對面的溝通

適度的職場交流可同時提升生產力與幸福感

講究高度創造力的職場都伴隨著大量的面對面溝通，相當適合藉溝通感測器強化人力資源管理，因此被歸類為人力資源技術。

研究團隊除了藉溝通感測器分析員工的個別溝通狀態外，還舉辦了有管理階層參加的工作坊，幫助當事人理解數據涵義。工作坊配置的助教還會挑出應特別留意的重點數據，幫助相關當事人懂得依照分析結果改善職場上的溝通狀態。

該團隊完成這場研究後，又進一步與路桑斯教授合作，探討面對面溝通狀態與心理資本評價結果的關聯性。

結果發現，心理資本評價結果總分較高者具備下列傾向：**①工作時進行短時間溝通的對象多而廣、②會花較長的時間進行雙向溝通**。

這代表即使待在職場上的時間相同，心理資本評價結果總分較高者，**較懂得善用時間與相關人士交流**。這種作法不僅提升團隊生產力，對於個別成員的幸福感也有正面效果。

相信大部分的人都隨身攜帶智慧型手機吧？事實上我平常用的手機就內建有加速規。因此研究團隊便進一步將溝通感測器中的加速分析技術，應用在智慧型手機的ＡＰＰ上。當然ＡＰＰ的功能不若溝通感測器完善，無法連交流的對象都分析出來，但是至少能夠供使用者確認「平常進行的面對面溝通，是否為有助於提升幸福感的狀態」。

這款ＡＰＰ名為「幸福星球（Happiness Planet）」，是由日立研究所子公司「Happiness Planet」免費供應，除了前述介紹的技術外，還會用「幸福點數」具體表現出溝通狀態。

「幸福點數」的一大特徵，就是**僅測量一對一的當面溝通狀態**，這是為什麼呢？

職場往往藉由「會議」做出決策。假設會議為一個小時，個別員工在開會過程的參與度攸關職場敬業度。前面介紹過，敬業度與幸福感息息相關，因此從公司的立場，當然希望藉由溝通感測器檢視員工的參與狀態。但是幸福點數卻排除了會議這種多人參與的交流方式，著重於五至十分鐘的一對一當面溝通。

因為會議所做的決策是大方向的，此前必須藉由大量的當面溝通摸索出新解法；而適當的面對面溝通能激發創意，是真正支撐整個企業的力量。但面對面溝通**不可以只有單方表達，有來有往是相當重要的**。

相信各位也會與主管、同事進行五到十分鐘的對話吧？這些對話是怎麼進行的呢？總是你單方面說話或是單方面聽取報告嗎？或者只是單方面接受主管指示，就算有互動也只是為了確認自己是否完全理解指示內容而已嗎？

但是唯有在交換資訊之餘一起推動進展的交流方式，才能夠提高「幸福點數」。也就是說，「幸福點數」的多寡代表自己所經歷的交流方式，偏向雙方確實參與討論型或是單方面表達型。既然如此，我們就可以透過「幸福點數」確認自己與周遭人的溝通狀況是否恰當。

能夠在職場上與他人進行適當的互動，同樣有助於提升幸福感。

9 對職場心懷感謝

各位是否曾對自己擁有的這份工作抱持感恩之情呢？

事實上，有項研究就調查了對工作保持感恩之情所帶來的效果。

這是由喬治梅森大學（George Mason University）卡普蘭（Seth Kaplan）教授等人主導的研究，參加者包括兩間大學的教職員、管理階層、餐廳與資訊等各方面的職員。

當時已經有其他研究確認了在日常生活中懷抱感謝可提升幸福感，所以這場研究將範圍縮小至職場，檢視感恩之情對職場幸福感的影響力。

接受調查者每天都會收到提醒的電子郵件，要求他們每週至少要登入專用網頁三次，記錄在職場中感受到謝意的事情。

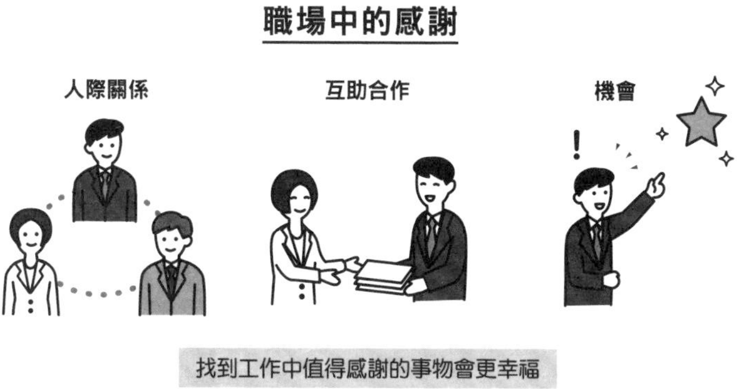

提醒郵件的內容如下：

「職場上充斥著大大小小的事件，各位是否想得起任何覺得感謝的事情呢？像是工作方面獲得適度的輔助，或是某位相關人士提供幫助、獲得補助經費等。當然也可以因為獲得某個機會、獲得機會的時機絕佳，甚至是單純對於自己能夠從事這份工作而感激。或許有許多值得感謝卻未曾注意到的事情，所以請各位仔細回想看看吧。」

結果發現光是**想起職場上的感謝**並用手機**記錄下來，感謝之情就跟著水漲船高**。此外**在職場上的幸福感也會隨著感謝之情提升**。

這場研究同樣調查了參與人士的病假，結果發現光是實踐感謝的課題，就成功減少了人們請病假的次數。

雖然感謝之情對病假造成的僅是間接影響，但是畢竟我們會耗費大把時間在工作上，因此職場幸福感提高有益身心健康也是可想而知的。

各位讀完剛才那段與感謝有關的文章後，有什麼感覺呢？

我們都無法獨自工作，總會與某個人扯上關係。對方做出的任何事情，我們都可以將其視為專業人士的義務理所當然地接受，但是也可以感謝對方的存在讓工作得以進行。

獲得心目中的理想工作時，我們可以認為是瞎貓碰上死耗子，也可以覺得自己是憑實力爭取到的，不管選擇什麼樣的心態，我們都可以覺得慶幸。

工作之所以進展順利，我們當然可以認為是自己努力過後應有的結果，但是背後或許有許多不為人知的人一起推動，所以我們也可以感謝這些間接的合作關係。

既然盡力去工作了，當然可以將所有成果都視為理所當然。儘管如此，我們仍舊可以為自己擁有這份工作而充滿感謝之情。要採用什麼樣的思維，全憑自己作主。

站在心理學的角度唯一可以斷定的，就是**工作時隨時懷抱感恩，在職場上覺得幸福的機率會比較高**。

各位都是怎麼工作的呢？

有些人認為所謂的工作就是拿時間換取金錢，自己將時間耗費在某個人身上，對方則因此支付自己報酬。但是在這種思維下工作時，或許就會單純地交出自己的時間，工作時只求不要被警告而已。相信任誰都不覺得這種工作風格會幸福吧？

充實的職場生活能夠讓人生更充實，幸福的職場生活也會讓人生更幸福。

想要擁有充實的職場生活，藉其貢獻社會或是自我實現是很重要的，這兩者可以說是身在職場的終極目標。

因此最理想的狀況，就是每天工作時都能夠偶爾想起值得感謝的事情。很多平常沒有注意到的小事，其實都很值得感謝，只要能夠注意到這一點，內心就會更加幸福。

第2章

日常生活習慣

10 有意願且有熱情才會有效果

無論是什麼事情，只要有機會提升幸福感都有一試的價值。但是獲得「這樣做就會幸福」的資訊後，不經思考就全盤接受是很危險的。

看到提升幸福感的相關研究時，首先可以檢視參與研究的人數。如果是研究了很多人之後驗證出的效果，在自己身上生效的機率自然較高。

再來要確認的是研究提到的行為，是否真的與幸福感有著因果關係。如果是先調查參與人士的行為，並搭配了一段時間的追蹤調查，那麼藉此確認出的幸福感提升效果可信度就比較高。

若研究中有設計對照組，提供在相同環境條件下「做出特定行為者」與「未做出該行為者」的結果差異比較，也是相當不錯的證據。

但是即使透過前述方法，確認了資訊正確性與提高幸福度的效果，**只要不是憑自我意願主動去實踐，恐怕都不會有效果**。

柳波莫斯基教授等人就曾研究過「什麼樣的條件有助於確實獲得紮實的幸福」。研究首先調查了「憑自我意願主動實踐」與「幸福度」之間的關係。當然這裡所提到的實踐，同時也很重視樂觀性與感謝的效果。

他們在研究的報名簡章動了手腳，因此有一部分的人決定報名時認為自己參加的是「幸福研究」，另一部分的人則以為自己參加了「認知研究」。

研究期間為八週，參加者必須從三項主題中選擇一項，每週花十五分鐘撰寫文章。主題分別是「我想成為這樣的人」、「寫一封信感謝關照過自己的人（只是以寫信的方式呈現，不需要寄出）」與「這一週發生的事情」。

研究團隊將看到「幸福研究」而申請的人，視為**主動爭取幸福的人**，結果發現無論他們

提高幸福度的兩種態度

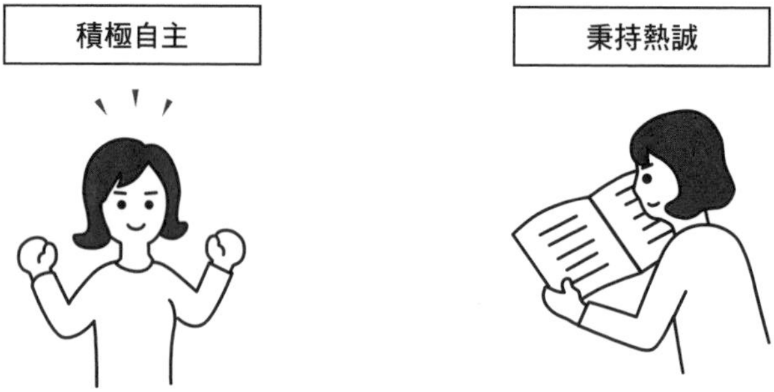

選擇的主題是「我想成為這樣的人」還是「寫一封信感謝關照過自己的人」，**幸福感的程度都在研究結束後提升了**。

此外選擇這兩個主題的人，幸福度的提高程度也會受到熱情程度的影響。

也就是說，**對撰寫文章愈具熱誠，幸福度的提升幅度就愈顯著**。同樣是自動自發地追求幸福，執行過程缺乏熱情的話就看不太出效果。

最驚人的是，胸懷熱誠參與研究的人，在接受六個月後的後續追蹤調查時，結果發現他們仍維持在高幸福度狀態。

各位又是如何呢？

如果想要變得幸福時，且實踐某件事情就可以實現的話，各位是否能夠主動積極地嘗試呢？辦得到的話，各位實踐後幸福度提高的可能性就相當大。

本書會介紹許多實踐後大幅提升幸福感的方法，請各位務必找到由衷願意進行的項目積極嘗試吧。

這時最重要的關鍵，就是即使是在相同條件下執行相同的項目，用交作業、無奈或是隨便的態度進行，都很難收穫效果。

如果無法懷抱熱情主動去做，就請不要勉強自己，肯定會有更適合自己的方式。此外找到適合自己的課題後，選在最有幹勁的時機展開也會是最理想的。

11 主動追求行為與目標的正向變化

有一項研究的主題是「渴望幸福時要改變的不是環境而是行為」。

這是由密蘇里大學（University of Missouri）的肯・謝爾頓（Ken Sheldon）教授，與加州大學河濱分校（University of California, Riverside）的柳波莫斯基教授所做的研究，兩位學者在正向心理學都頗具領導地位。

他們首先將學生隨機分成兩組，要求其中一方填寫「本學期的正向『環境』變化」，另一方則填寫「本學期的正向『行為或目標』變化」。填寫後還必須記錄詳細的變化內容。

結果「環境變化組」出現的變化包括「換了合拍的室友」、「拿到獎學金」與「母親手術成功」等。

要改變的不是環境，而是行為

「行為與目標變化組」則有「參加了攸關未來求職的課程」、「花了很長時間準備很重要但是一直都跟不上的課程」、「開始舉重」等。

接著就請這兩組的學生回答下列問題——這些變化有多少成分是自己刻意推動的？自己為了促成如此變化做出了多少努力？

結果一如預期，行為與目標變化組回答「憑自己的意願去做出改變」的人比環境變化組還要多，為了促成改變所做出的努力也更高。

特別值得留意的，是**行為與目標變化組面對正向變化時，有難以適應的傾向**；環境變化組的變化內容雖然包括「母親手術成功」這種天大好事，但是大部分的人都很快就接受這個事實，轉眼就視為理所當然。

這種心態上的差異，讓**行為與目標變化組獲得更高的幸福感，也能夠維持高度積極情緒**。相較之下，環境變化組的幸福感與積極情緒數值都沒有那麼高。

從這樣的結果可以確認，**行為與目標方面的變化，對幸福感的影響力遠大於環境變化**。

雖然幸福事件本身是最具影響力的，但是也要避免將其視為理所當然才行。

人們接受正向變化的速度，向來有過快的傾向。**在經濟能力或人際關係不佳，或是煩惱、擔心著某項事物時，往往會認為「只要改善這一點肯定會變得幸福」，但是心願實現後卻會一下子就習以為常**——這場研究告訴我們的正是如此事實。

意外獲得獎學金、終於擺脫棘手室友，從生活困擾中解脫、母親從具致命風險手術中存活——即使生活中實現了重要的心願，我們卻往往一下子就將其視為理所當然。

相信無論是哪一種事件，人們在遇見正向變化的當下都會很開心對吧？但是喜悅感卻很難一直維持，久而久之就恢復平常心。

舉例來說，買到電視廣告強打的性能極佳吸塵器時，想必會覺得很開心吧？說不定還會興奮地到處打掃。但是兩週過後，這台吸塵器已經成為家中的日常一景，新品到貨時的喜悅蕩然無存。

當然這裡並不是要說既然喜悅會消失，乾脆別買新的吸塵器比較好，而是相較於這種環境中的變化，**行為與目標變化比較不容易出現過度習慣的情況**。這是為什麼呢？

行為與目標變化組的學生在研究中建立新目標後，必須做出行為方面的改變以求實現。以舉重來說，這可不是付完健身房的費用就宣告完成，必須實際前往健身房鍛鍊才稱得上是開始舉重。同樣的，參加攸關未來的課程以及準備不擅長的課程時，都必須靠自己努力並持之以恆。

改變行為後必須靠毅力維持才能夠實現目標，不像環境變化那樣只是短時間發生的事件，當然也比較不會有快速接受後就拋諸腦後的問題。

所以欲提升幸福度時，不妨著眼於行為與目標的正向變化。

12 從簡單的目標開始行動

前面介紹到行為與目標變化，對幸福感的影響力大於環境變化。

該研究在確認這個結果後，也談到了促進行為與目標變化的訣竅——那就是設定能夠輕易完成的目標，這邊將稍微介紹一下。

這場研究在學期剛開始時，測量了所有學生的積極情緒與幸福感的程度。

接著在學期過了一半的時候，詢問學生的行為或目標是否在這學期發生了什麼正向變化？變化的程度是多少？接著再測量學生的積極情緒與幸福感程度，藉此確認行為與目標變化程度與心靈狀態的關聯性。按照常理，行為與目標的變化程度愈大，造成的影響力也愈大才對。

以這場調查來說，環境變化組的「通過獎學金審查」、「家人平安度過重大手術」等都是一生罕見的重大事件。

另一方面，行為與目標變化組都是「專業科目跟不太上，就以自己的步調努力預習」等日常中隨處可見的事情。但是這些平凡小事實際上帶來的影響力，卻大於環境變化組。

也就是說，能夠帶來明顯效果的變化都是隨時可以執行的小事，以前面的例子來說就是「預習」等。

我們不必設定「改變日本」這麼恢弘的目標，只要從考取執照或駕照等日常小事開始著手，或許就會遇見人生的轉機。

幸福，不需要依賴一輩子只能遇見幾次的大事件。

最重要的是**找到真心想要實現的目標，而近在眼前的目標，也比遙不可及的目標更易於激發堅定的意志**。因為**目標近在眼前時才看得清全貌**，看得清目標的全貌時，也才能明白自己想做的事情與下一步。

行為與目標變化起始於簡單的目標

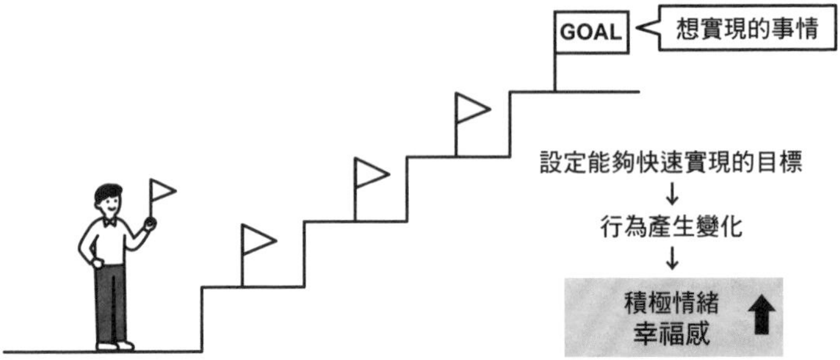

等在眼前的，都是有心就辦得到的事情時，有助於醞釀出朝向目標邁進的幹勁，自然很快就能夠獲得「目標達成」這個正向結果。

當然，若能清楚看見自己實現的每一個小小目標，都是走在遼闊道路上的一步就更好了。

我任職的大學有許多目標考取醫療類執照的學生，在這種大學裡讀書也是相同的情況。

即使覺得當前課程很無趣，只要知道這堂課能夠幫助自己考取執照，那麼自然能夠努力撐過去，同時也能夠獲得充實感。

你眼前有著什麼樣的目標呢？

當然，我們也未必想成是「目標」這麼誇張的程度。任何想做的事情都可以，請試著思考該怎麼行動才是最理想的。

舉例來說，想讓身體動一動的話，可以去游泳池挑戰更長的距離，或是在健身房嘗試比昨天更快的跑步速度。這些小事也都是很好的目標。

擁有簡單的目標，激發主動想去做的幹勁，藉此確實達成後就會滿心充實——各位不妨從這個方向開始做起。

工作方面亦同。我們當然可以全盤檢視自己人生有哪些目標，再選擇一個龐大的目標去努力實現。但是找不到什麼偉大的目標也無妨，只要從當下工作內容中，設定一個簡單的目標再努力實現，伴隨而生的幹勁就會間接造成行為的正向變化。

從自己辦得到的事情中找到階段性目標，藉此引發行為的正向變化，就能夠使明天的自己比今天的自己更加幸福。

13 將注意力移出思緒困境

你是否總是忽視當下，一味關注過去或未來的負面事件？這時該怎麼轉換心情呢？

關於這一點，最近加州大學柳波莫斯基研究所發表的研究，或許很值得參考。柳波莫斯基研究所開發了「改變視角的方法」，並請參加者實踐以驗證效果。

研究中首先會請參加者確認，自己在日常生活都將注意力集中在什麼地方，並在對負面事件鑽牛角尖時運用**「改變視角的方法」**將注意力轉移到有益身心的目標上，最後再檢視這種做法對幸福感的影響力。

研究團隊在參加者實踐「改變視角的方法」之前，必須先確認參加者原本的狀態以便與實踐後的成效做比較，因此事前請參加者每天記錄下列四點以找出基準值：

・記錄當下在做的事情
・過程中的想法
・花了多少心思在當下從事的活動上？
・該活動的正面與負面程度

這麼做能幫助參加者得知平常都將「注意力」放在哪裡，確認此刻內心著重什麼事物。基準值的記錄期間結束後，就請參加者維持原本的日常生活，只有在感到不安、艱難或是沮喪時，遵照研究的指示轉移注意力即可。

這場研究的另一個目的，是確認「改變視角的方法」能否輕易理解。所以會檢視在僅簡單說明的情況下，參加者能夠在現實生活中實踐到什麼地步。

結果發現有超過一半的人，在接受指導後都順利學會「改變視角的方法」了。這些人表示實踐後讓心情開朗許多，工作的生產力也提升了。

從思緒困境中挪出注意力

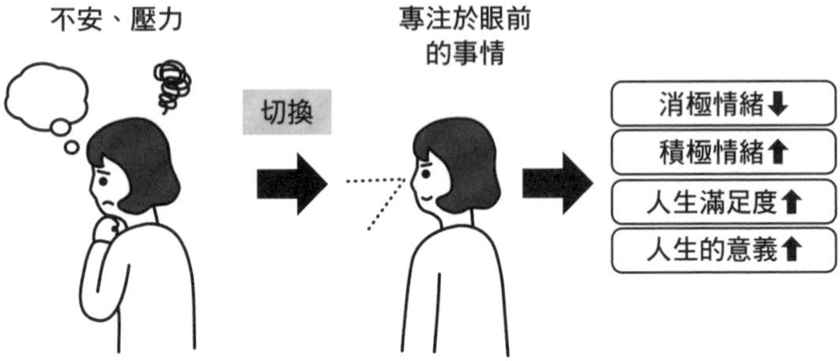

另一方面，由於實際執行「改變視角的方法」並無任何報酬，團隊也不會提供個別指導，僅要求參加者在日常中實踐，所以也有許多人進行得並不順利。這些人都將其視為在他人要求下不得不進行的課題，絲毫感受不到樂趣。由此可知，欠缺積極心態的人就沒辦法順利收穫成效。

雖然實際結果五花八門，不過成功實踐的人一天內通常會轉移注意力一至二次。儘管需要耗費一點心思，但是注意力的轉移成功率約達七〇%。

從後續調查可以確認，成功實踐者**對人生感到更滿意，比以往更加體會到人生的意義，積極情緒增加、消極情緒減少**，整體來說效果是一致的。

從這場研究可以確認**「改變視角的方法」適用於各式各樣的課題，無論是人際關係遇到阻礙或是被工作截止時間追著跑時都可以實踐**。

事實上「改變視角的方法」也是認知治療（Cognitive Therapy）的主要技巧之一，通常需要耗費一段時間，針對個案進行持續且集中的治療。從這個角度來看，這場研究幫助參加者在短時間內自行改善心態，可以說是提供了劃時代的選項。

或許隨著研究的發展，還會找到更好的方法幫助人們跳脫思緒困境，但是以現在這個時間點來說，至少可以得到**只要有心就能夠避免鑽牛角尖**以及**將聚焦於過去或未來的注意力拉到當下，有助於提升積極情緒**這兩個結論。

我們在日常生活中行事時，內心難免會困在與當下完全無關的事件（工作或人際關係）中，相信每個人都有類似的經驗吧？這時請嘗試「改變視角的方法」吧。

透過這場研究證實，光是注意力轉移到眼前的事就很有效，不過還有更正式的作法，就是冥想。此外，從事需要專注的運動或烹飪等，也能成為心靈不再困在某件事的契機。

14 品味生活中的每一刻

重視每一瞬間的感受，珍惜每一寸光陰，這在心理學裡稱為「品味（Savoring）」。

芝加哥羅耀拉大學（Loyola University Chicago）的佛瑞德・布萊恩（Fred Bryant）教授就出版了《品味》（*Savoring*）一書，探討這種「品味生活」的概念。

根據布萊恩教授的研究，一個人能否細細品味生活，取決於**能否順利表達出經驗的良好程度**、**分享的方式**，同時也必須**認為體驗當下事件的自己相當幸福**。

相反的，有些人秉持著「再美好的事物終會消逝」、「現實不如預期美好」或「同樣的好事不可能再度降臨」的想法，自然無法安心品味生活。

看完這些例子後，各位是否發現自己在不知不覺間，採用了讓自己無法品味生活的思維

品味「當下」

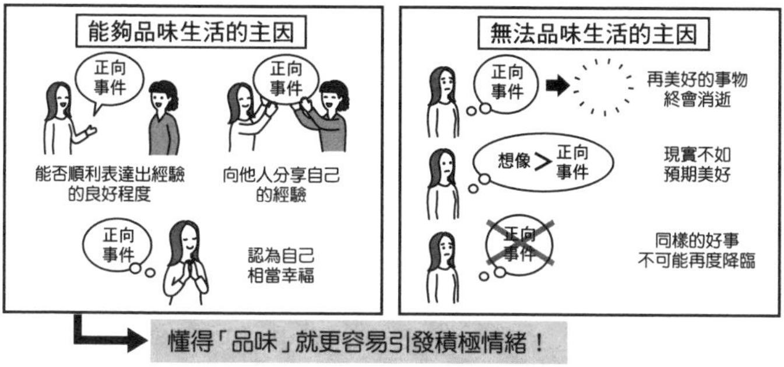
能夠品味生活的主因
正向事件
能否順利表達出經驗的良好程度
正向事件
向他人分享自己的經驗
正向事件
認為自己相當幸福
無法品味生活的主因
正向事件
再美好的事物終會消逝
想像 > 正向事件
現實不如預期美好
正向事件
同樣的好事不可能再度降臨
懂得「品味」就更容易引發積極情緒！

呢？「我會這麼想，是因為根本沒經歷過值得品味的好事……」如果是這樣的狀況，那麼接下來要介紹的研究或許會有所助益。

布萊恩教授與紐西蘭的威靈頓維多利亞大學（Victoria University of Wellington）學者共同發表的論文，就使用了「經驗取樣法（Experience sampling method）」。

研究團隊會向參加者隨機發送訊息，參加者收到訊號後要記錄當下做的事、內心感受與想法等。

這個方法能夠幫助研究團隊探討參加者在日常生活中的情緒、思想與行為，確認他們是否獲得了正面經驗？是否懂得「品味生活」？是否處於積極情緒？

研究結果發現這三者彼此間具有關聯性，**懂得品味正面經驗，自然會產生積極情緒**。此外**處於品味生活的狀態，也較容易用積極情緒去看待各種經驗**。

神奇的是，對懂得品味生活的人來說，正向事件的數量絲毫不影響他們的思維；但是對於遇到看似不值得品味的事件就難以產生積極情緒的人來說，數量的影響力就大多了。

這樣的論述乍看複雜，不過這邊想請各位留意的是，研究結果告訴我們「不見得只有幸運的人（遇到較多正向事件）才懂得品味生活並感到幸福」。

品味有助於深化良好的經驗，帶來更深層的喜悅。或許有些經驗不那麼美好，但是只要懂得細細品嘗出箇中滋味，就能夠從中感受到人生的意義，如此一來，不幸的經驗就得以昇華，並帶來「人生因此更充實」的積極情緒。

幸福年齡層相關研究的環節之一，就是聚焦於老年人的「品味」。團隊請他們回想開心的經驗，以及當下浮現的積極情緒，再請他們回味後回答該經驗有多特別？有多幸運？

實踐期間為一週，每天早晚共執行兩次，並且分別在一個月後與三個月後的時間點測量參加者的幸福感與復原力。結果發現實踐期間剛結束時、一個月後與三個月後的幸福感都相當高、憂鬱傾向偏低，復原力也提高。

學習品味生活，不需要什麼特別的技巧。

各位不妨仿效這場研究的做法，先回想過往的正面經驗，從這裡慢慢體會「品味」的感覺，無論這個經驗是音樂、電影、漫畫還是電動都無所謂。

當然也不見得非得想出正面經驗，生活中的平凡小事也值得細細品味。假設一早就下雨了，不妨思索自己能夠從中獲得什麼，宛如植物吸收養分般，品味自己逐漸茁壯的心情。

無論從哪個角度都只找得到壞處的事件，其實不如想像的多。只要驅使五感運作，就能夠邂逅許多外表或內在美好的事物、透過皮膚體驗溫暖與清爽、聞到高雅或懷念的香氣、聽到優美的音色、嘗到美味的滋味，甚至連飢餓感與飽足感都值得細細品味。

只要活用五感享受當下所感受到的事物，就能夠藉此增加幸福感。

15 積極拓展

你認為自己屬於什麼樣的性格呢？性格差異的主軸之一就是「外向－內向」，追求刺激的行為傾向稱為「外向性」，期望刺激維持在適度範圍內的行為傾向稱為「內向性」。

目前普遍認為性格是由「五大人格特質（Big Five personality traits）」組成，提倡者柯斯塔（Paul T. Costa）與麥克雷（Robert R. McCrae）於四十多年前提出的研究也提到，外向性與幸福擁有高度關聯性。

高度外向性不僅會追求刺激，也具有社會化程度與社交能力較高的傾向。此外綜觀過往眾多研究所得出的結論，是**高度外向性與幸福之間有著強烈的關聯性，且有一致的傾向**。

聽到「性格」這個詞彙，或許多數人會認為其與出生月分、星座或是血型相同，是與生俱來且無法變動的。但是心理學眼中的性格，其實並非這麼固定。

沒有人每天的性格都不一樣，畢竟性格隨狀況而異的部分比心情少了許多，較具備一致性。但是遇到升大學這類環境出現重大變化的情況時，就很容易造成性格大變。人們在環境改變時，會興起轉換打扮風格與心態的想法，因此高中時期個性陰沉、上大學後朝氣蓬勃的案例屢見不鮮。

柳波莫斯基研究室曾經做過這樣的田野實驗（Field experiment），團隊請大學生花一週時間做出外向行為，下一週則換成內向行為。至於要先外向還是內向則會隨機指定，並於剛開始、一週後、兩週後分別進行評價測試。

團隊針對外向行為提出的關鍵字有「健談」、「自我主張」與「主動」，內向行為則為「深思熟慮」、「沉穩」與「低調」。由於人們普遍有「社會期待的是外向性」這種偏見，為了避免偏見造成效果的偏差，在決定關鍵字時刻意選擇「同樣符合社會期許的類型」。

團隊要求學生在接下來的一週，表現得健談、懂得表達自己的主張並主動（或是深思熟

藉由表現外向增加正面經驗

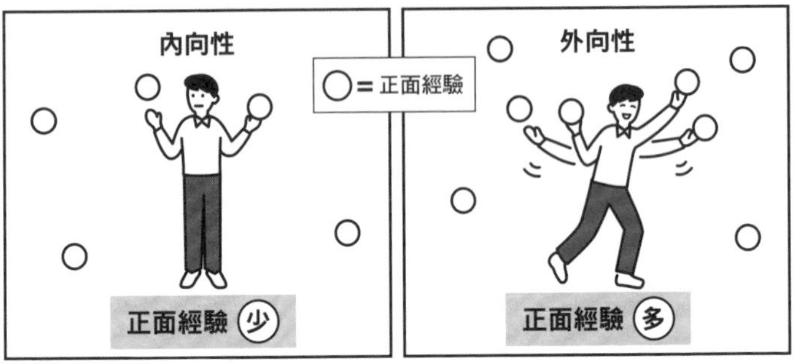

慮、沉穩且低調），同時也要提出五個計畫，表明自己將如何在日常生活中做出這些行為。

不僅藉由明確的計畫提高可行性，在學生實踐這兩種行為的期間，為了維持動力，每週還會寄送三次電子郵件，詢問學生是否確實進行。

結果非常明確——學生在必須表現外向的期間，都確實做出了外向行為；在必須表現內向的期間也確實做出了內向行為。

此外**在表現外向的期間，體驗到積極情緒的經驗增加，在表現內向的期間體驗到的積極情緒則減少**；且幸福感、自信與令人熱衷的經驗也有相同的變化。

團隊在實踐期間的前後都實施「標準性格測試」，確認學生的「外向性－內向性分數」，發現學生經歷「外向週」後言行變得外放，經歷「內向週」後則變得內斂。也就是說，**無論原本性格外向與否，我們都可以表現出外向行為（或是比以往外向），只要能夠表現外向，就有機會體驗到更多的積極情緒，幸福感自然也會提高**，性格因此變得更加外向。

如一開始所介紹，目前已知外向的人幸福感較高。若你本身就屬於外向個性，只要懂得在各種場合發揮這項特質，外向帶來的效果就會不斷提升。即使你的個性並不外向，也可以從今天開始改變。試著想像外向的人可能的作法，表現出健談、勇於表達且積極吧。

改變行為的一大訣竅，就是憑自我的意願下定決心，各位不妨像這場研究一樣，事前列出五個左右的具體情境，決定好自己在特定場面要表現出什麼樣的行為。

剛開始或許會覺得這麼做很不像自己，請不要勉強，只要稍微模仿外向的人就夠了。持續一週左右，就會發現自己變得比以往外向，逐漸就能表現出符合自己性格的外向行為。

試著做出外向行為不僅能夠提高幸福感，身邊的人也有機會因此覺得更加幸福喔。

16 活用自己的強項

蘇黎世大學（University of Zurich）的團隊從過往研究中，找出九種「活用強項的方法」後驗證了其效果。研究之一就是請參加者將自己的強項運用在新事物上，並在執行前、執行後，以及執行後一、三、六個月時測量幸福感與憂鬱傾向的指標後加以比較。

這裡首先請參加者接受ＶＩＡ個人性格強項測驗（Values in Action Inventory of Strengths,VIA-IS），找出分數前五高的強項後告訴參加者，請他們在接下來的一週每天都用新的方法活用這些強項，直接照搬了該測驗研發者馬汀・塞利格曼（Martin E. P. Seligman）所使用的研究法。

結果發現將強項運用在新事物，讓參加者無論是運用後幸福感提高、憂鬱傾向降低，甚

活用強項的兩種方法

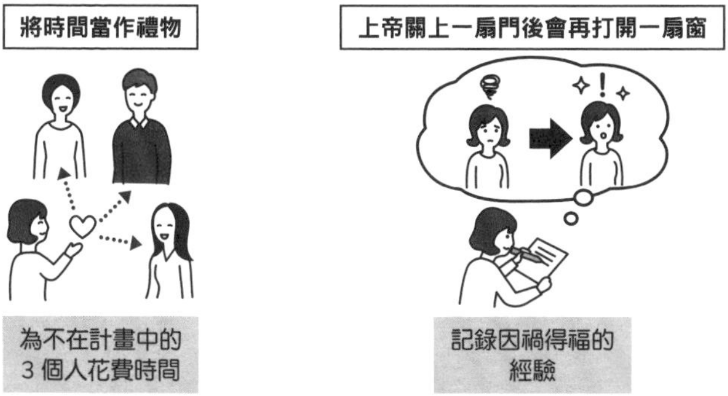
將時間當作禮物
上帝關上一扇門後會再打開一扇窗
為不在計畫中的
3 個人花費時間
記錄因禍得福的
經驗

至在事後很長一段時間都維持這樣的結果。

研究團隊還引進兩種其他研究未使用的方法。

其中一項是從自己的強項中，選出具備「友善性質」的項目，也就是請參加者**在接下來的一週，挑選三位不在既定計畫中的對象，將自己的時間當作禮物贈送給他們**（也就是耗費自己的時間，運用強項為對方做出貢獻）。

團隊特別要求「不可以是原本就打算花時間去做的事情，或是原本就打算經營的關係」。這讓大部分的人都必須另外尋覓方法或對象，對於社交範圍不廣的人來說，這項研究也使他們面臨「人際關係的擴大經營」。

另外一項則是**「上帝關了一扇門，同時會幫你開一扇窗」**。參加者必須回想發生過的負面事件，從中找出因禍得福的經驗記錄下來。舉例來說，沒趕上預計電車只好等下一班電車，等待期間到附近商店閒晃，偶然發現一直在找的東西。也就是說，這個方法能夠將腦袋訓練得更加靈活，讓人遇到負面事件時不要鑽牛角尖，而是將注意力轉移到有益的一面，讓心靈持續抱持著希望。

兩者都在完成後**立即獲得幸福感提高、憂鬱傾向降低的效果**，且**一個月後、六個月後測量時也都還持續中**。

這些課題都沒有指定必須活用的強項，參加者可以自由選擇，甚至可以同時活用多項。欲活用自己的強項時，憑自我意識決定是很重要的因素；而且相較於執著特定強項，能夠同時發揮多種強項還可望獲得加乘效應。

以上是藉由發揮強項提高幸福感的研究，各位若是在讀到這一段時，也自然產生「試看看吧」的興致時請務必嘗試。

自己能夠開心並沉浸其中的活動、執行後會讓他人開心的活動、能夠幫助自己變得更好的活動等，只要能夠依自主意願將強項運用在形形色色的活動中，肯定會獲得成果並提高幸福感。

只要是主動產生興致的活動，就算沒有任何指示也能夠樂在其中。但即使是原本就有興趣的活動，有些作法卻會讓自己漸漸持續不下去，那就是執行後可預期獲得很棒的犒賞。這麼做會使該活動的主要目標變成犒賞，明明一開始不需要犒賞也能持之以恆，一旦某天缺少就變得無法持續。因此**主動想要參與，而非為了犒賞才執行，正是一大重點**。

實際上的效果，會隨著課題、面對的方法、運用其中的強項種類稍有差異。既然有容易帶來幸福感的強項，當然也有效果不彰的類型。更何況在同時搭配多種強項時，不同的組合也會造就不同的效果。

不管活用什麼都好，請試著活用自己的強項吧。可以的話，也試著為他人做出某事吧。

17 用味蕾細細品嘗

電視上有許多與食物有關的節目。

節目的種類五花八門，有些專門從平民小店中蒐羅令人驚奇的超豐盛料理，有些則會請來名人品嘗一般人吃不起的高級料理。

這些節目都統稱為美食節目，從美食節目的廣泛性，可以看出飲食帶來的感官饗宴，對人們來說有多麼重要。

源自於希臘哲學家伊比鳩魯（Epicurus）學說的「享樂主義者（Epicurean）」，在飲食方面也有追求美味的傾向。

賓州大學的保羅・羅津（Paul Rozin）教授**研究證實了重視美味有助於吃得健康**，此外

飲食時重視美味則可提升幸福感。相較之下，以減重為主的飲食則會造成幸福感低下。

羅津教授的研究對象是美國人，主要調查的是具高度享樂主義傾向的人有哪些特徵。結果發現享樂主義傾向愈高者，在飲食時愈不易受到食物的外觀與情緒影響。

反過來說，非享樂主義者，也就是沒那麼重視美味的人，很容易受到食物的外觀影響，結果反而有飲食過量的傾向。

美國有個叫做「法國悖論（French paradox）」的現象，指的是與法國人有關的不可思議之處。法國悖論指的是儘管法式料理會使用大量奶油，且法國人也會花很長的時間享受用餐，人們卻普遍身材不胖。

確實從美國人的角度來看，會覺得自己總是追著減重資訊跑，不怎麼在意這件事情的法國人卻不容易胖實在太不公平了，當然會覺得背後藏著什麼祕密。有些人甚至認為這該歸功於葡萄酒，引發了葡萄酒的風潮。

而羅津的研究發現，日本人與法國人一樣**在飲食方面的享樂主義強烈，且這兩個國家的**

代表性食物使用容器都很小。

也就是說，**適度飲食與重視美味息息相關，並且會間接提升幸福感**。

像美國的代表性食物——漢堡這種分量大、裡面夾有多種餡料，且能夠一口氣輕易吃完的食物，就與享樂主義相反。

羅津教授表示日本文化帶有享樂主義的傾向，其中日本料理更是明顯。但是現代日本的飲食習慣深受美國影響，連用餐時間都大幅縮短了對吧？

各位又是如何呢？是否能夠充分品味食物的美味，從飲食中感到充實與幸福呢？

美國飲食文化的特徵就如漢堡一樣，追求在短時間內攝取大量食物，重視攝取能量的效率。所以想藉由品嘗美食提升幸福感時，只要和美國飲食文化反著做即可。

請用小巧漂亮的器皿，盛裝稍嫌不足的量吧。不要將沙拉、肉、起司與麵包等放在一個盤子裡，而是分裝在小盤子或小碗上。**懂得多花點時間用餐，細細品嚐美味**的話，不用吃太多就會心滿意足，幸福感自然會跟著提升。

提高幸福感的用餐法

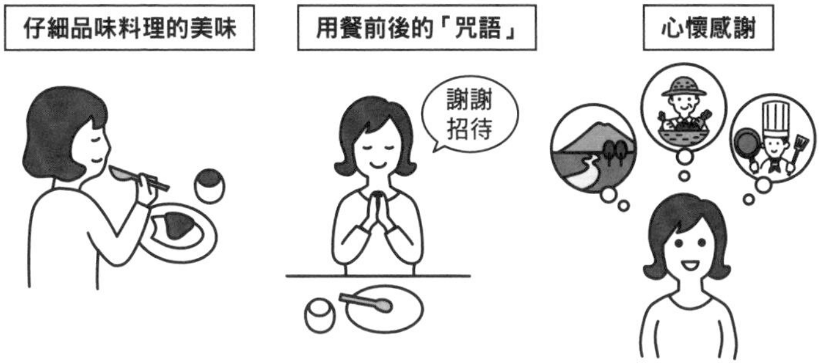
仔細品味料理的美味
用餐前後的「咒語」
心懷感謝
謝謝招待

此外各位或許不會相信，但是其實**「咒語」**也有助於提升幸福感。**飯前用心說一句「我開動了」，飽食一頓後說句「謝謝招待」**，也是品嘗美食時的重要環節之一。

此外，**對製作料理的人、提供食材的人、送餐的人，甚至是賦與自己食物的大自然**，時時刻刻保持感謝之情，都能夠賦予美食更豐富的意義，藉此提升幸福感。

當然，也別忘了用餐時要用味蕾細細感受料理的美味。

18 重視睡眠品質

將「零和賽局（Zero-sum game）」運用在幸福感的領域時，指的就是當某個人變得比現在幸福時，就會有人失去相同程度的幸福。

一〇八頁會進一步說明「零和賽局理論」，總而言之這種思維會導致幸福感低落，使人走向不幸福之路。

據信，睡眠品質與零和賽局之間就有密切的關聯性。

這邊要介紹的是韓國國立首爾大學研究團隊所做的研究。團隊先調查了參加者的睡眠狀態、性格、經濟狀態與幸福感的基準值，四週後再進一步調查參加者相信零和賽局理論的程度、睡眠品質與幸福感。

睡眠習慣會影響幸福感

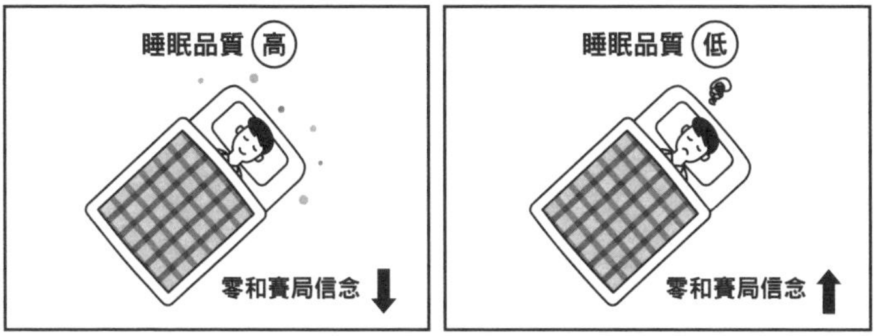

零和賽局信念提高，幸福感就會低下

透過四週後的調查確認，睡眠品質確實對幸福感造成影響，而其中一部分則與對零和賽局的相信程度有關。**比四週前更相信零和賽局理論的參加者，出現了睡眠品質變差的結果，間接造成幸福感低下**。

兩者之間的因果關係與產生影響的過程，都還有待進一步的研究。

目前推測可能是**睡眠品質變差導致人們無法品味生活中的幸福，甚至將目光轉移至與他人的比較**造成的。

從結果來看，睡眠品質變差會**產生與他人的競爭以及敵對意識，壓力自然也會跟著提升**。

那麼從這場研究還可以看出什麼事實呢？

首先，第一次調查基準值時的幸福感分數高低，對第二次調查時的幸福感分數影響最大。也就是說，**原本就幸福的人，比較容易感受到幸福**。

從這個事實可以證明，個人的幸福感中並沒有所謂的零和賽局。**本來就幸福的人，遇到能夠為幸福感加分的人們時，會與對方建立良好的關係，而非視為競爭對手。此外也會專注於解決眼前的課題，生活過得相當充實**。

另外，各位是否重視自己的睡眠呢？

在這個首重經濟的世界，或許有人會認為睡眠是在浪費時間，認為睡眠無法帶來經濟方面的助益。但是**處於這種剝削睡眠時間的狀態，會使人更加深陷於零和賽局的思維，離幸福只會愈來愈遠**。

提高睡眠品質有助於擺脫零和賽局的思維，對身體健康亦有幫助，可以說是一石二鳥。

順利入睡才能夠確保優良的睡眠品質，想要**讓身心在該睡的時間想睡，該醒的時候清**

醒，則必須先體驗過醒來時很清爽的感覺。

想要順利入睡的話，睡前準備是不可或缺的。睡前準備包括一段寧靜的時光，所以請避免在睡前工作或上網。如同劇烈運動後會覺得喘不過氣，忙碌一整天的身心也需要沉澱，才能進入睡眠狀態。

可以放鬆的環境同樣有助於睡眠，包括讓眼睛感到舒服的光線、靜謐的氣氛，這些都能夠有效縮短入睡所需時間，如此一來，睡眠時間當然也會更加充足。

一天之始在於「睜開眼」，所以也請重視從睡眠中甦醒的時間，而喚醒腦袋的第一步就是在陽光中醒來。由於身心節奏受到多種因素影響，因此進食或喝飲料也有助於喚醒身心。

此外社交（和他人對話）或運動（讓身體動起來）同樣具有啟動腦袋與身體的效果。

所以有些人一早就會出門曬曬太陽，打掃與左鄰右舍交流的重要場所。個人雖然做不到這個地步，但是認為這是很理想的做法。

19 回想快樂的往事

心理治療中有個方法叫做**回想**。主要針對老年人，讓他們看看懷舊的事物或影像以活化腦部，嚴格來說是用來預防失智症的方法。

回想懷念的往事或許給人一種上了年紀的感覺，但是並不代表年輕人就不會回想。事實上老年人回想時喚醒的記憶，多半是年輕時期所經歷的事物，範圍鮮少擴及自己的一輩子。即使已經八十歲了，回想懷念的流行歌曲時，想到的往往不是花甲之年（六十歲）時聽見的，而是二十幾歲時流行的。

對老年人來說，往事能夠感受到一路走來的自我特質與自己的特別之處，因此回想既可以幫助他們**確認自己是什麼樣的人**，同時也是**強化自尊心的愉快經驗**，屬於正向的活動。

有人認為遇到負面經驗時沉浸在回想中，是一種隔絕外界並逃至過去的行為。但是也有人提出反對意見，認為回想有助於帶來滿足感並抑制消極情緒。

那麼年齡層較低的人回憶起比現在更年輕（或是幼小？）時的懷舊記憶時，會有什麼樣的效果呢？

研究「品味」的布萊恩教授就針對年輕人回想的優點做出了研究。

布萊恩教授詢問大學生（二十歲左右）會花多少時間回想快樂的記憶與回憶內容，以及想起的時機、過程與原因。

回憶內容方面最多人（一半）給出的典型答案，就是與親朋好友、戀人有關的事物，且大多數都是五年內發生的事情。

回想起這些過往的時機，通常是獨處時、心情低落時或是兩者兼具時。此外人們容易透過照片或紀念品等觸發回憶，且也會與朋友分享。

此外有二十九%的人表示回憶過去幫助自己注意到現在的問題，或是得以用新的觀點看

回憶快樂的回憶

待現況，並有十九%的人產生了積極情緒。

從這場研究可以得知，除了年輕人回想起的往事比較近期外，整體狀況與老年人相當類似。

也就是說，回想起快樂往事有助於帶來積極情緒，進而提高幸福感的效果並不囿於老年人，年輕人也是如此。

這場研究請參加者每天要回想往事兩次，每次要花十分鐘沉浸其中。結果**相較於花相同時間思索現有問題的人**，參加者在執行完這項為期很短的課題後，**感受到幸福的期間更久**。

而且相較於透過紀念品等線索回想起來，自由自在想起往事帶來的幸福度更高。

各位不妨也在上班途中前往車站的路上（當然請注意安全）或是慢跑時，不透過任何媒介自由回憶過去吧。可以是近幾年的事情，也可以是學生時代發生的事情，試著想起與親朋好友共度的快樂時光如何呢？

回憶正面經驗有助於感受到幸福，即使那些經驗已經是過去式了，但是透過回憶感受到幸福的是現在的自己，所以能夠對現在的想法與行為帶來正向的改變。

曾經因為某個人的貼心而深受鼓舞時，就試著細細品味這份回憶。如此一來，或許哪天遇到苦惱的人時，也願意基於某種理由做出鼓舞對方的貼心舉止。

曾經受到某個人珍惜的這種快樂回憶，或許會化為幫助他人的動力，待人處事也會更加游刃有餘，進而更加溫柔待人，達到積極情緒的擴展與建構（Boerden-and-build）。

自己的貼心行為可能會成為他人的幸福經驗，甚至轉化成支撐對方的力量。所以請務必花點巧思，學會靈活運用過往回憶吧。

20 計算釋放善意的次數

歐美有句話叫做「**Count your blessings（數算恩典）**」，意思是「慶幸」。恩典的意思是「無須支付代價且非經人努力所獲得的恩惠」，賜予這些恩惠的是神佛、天照大神與祖先等超自然的存在，和前輩請吃飯這種人類給予的恩情不同，是無法回報的。

日本也有相同的文化，認為在佛壇面前合掌或是祭拜天照大神時，自然而然浮現「慶幸（感謝）」的心情。個人認為這種不由自主謙卑感謝現今所有的心情，正是精神式體驗的根本，這在英文稱為Spiritual。

細數「值得感謝的事物（恩典）」是非常值得珍惜的傳統文化，回想每一件恩典都對心靈相當有益，目前已知這麼做有助於提高幸福感。

這邊想建議各位仿效「數算恩典」，細數另一件與人類幸福感有關的事物，那就是「善意」。既然計算值得感謝的事物有助於提高幸福感，那麼細數自己釋放善意的次數，或許可以使內心充滿善意，使幸福感隨之提升。如此一來，就連生活周遭充滿人造物，鮮少有機會感謝超自然對象的人，也能夠透過積極的行為，增加有助於提升幸福感的人生經驗。

因此敝人與團隊就以大學生為對象，先測量他們的幸福感後，再請他們**「數算善行的次數」**。具體來說就是**在日常生活中努力釋放善意，且每天都要記錄自己做出幾次善行**。

這個研究不是為了知道參加者能夠表現出什麼樣的善行，所以不需要記錄善行的內容。主要目的是讓參加者進一步意識到自己能夠他人釋放出善意，所以只要計算次數即可。

經過一週的實踐後，再請參加者自我評價「實際執行的程度」與「事後的幸福感程度」，結果證實了人們在計算善行次數後的幸福感會提升。也就是說，**光是知道自己對他人好，就足以提升自我的幸福感**。

另一方面，未接受任何指示的對照組，就沒有任何幸福感方面的變化。

計算釋放善意的次數

撿拾掉落物
讓座
為他人打開
電梯門
只要知道自己做出善行，幸福感就會提高！

不過，釋放善意組當中，雖然有人幸福感大幅提高，但也有人沒什麼變化。將釋放善意組進一步分成兩組再檢視雙方特徵後，會發現幸福感提高組做出的善行數量，比幸福感提高幅度小的人還要多，也有更多心懷感謝的經驗。

向他人釋放善意時不僅能夠提高對方幸福感，連釋放善意的人都會感到更加幸福，此外**如果有意識到自己做出了善行，那麼幸福感提高的效果會更加明確**。

隨著這種有自覺的善行數量增加，幸福感也會水漲船高。

為什麼釋放善意這種耗費自己時間精力取悅他人

的事情，會有這樣的效果呢？

人類的幸福感是有渲染力的。看到眼前某個人很幸福，幸福的氛圍也會感染自己。即使對方未察覺到自己的善行，仍具備相同的效果；但若是對方注意了或許還會道謝，**這樣的交流同樣能成為幸福的泉源。若善行造就新的人際關係，更能進一步提升幸福感**。

你是釋放善意的人嗎？還是即使刻意留意，也不太願意伸出援手呢？如果是後者，或許已經錯失許多更幸福的機會。有些人接受他人道謝時會很難為情，我自己大概也屬於這類人。但如果主要目的是釋放善意，也可以選擇瀟灑離去，不給對方一絲道謝的機會。

用符合自己風格的方式釋放善意，就能夠更接近幸福一步。更何況我們還能夠在他人沒注意到的情況下釋放善意。

我曾擅自用標籤機列印教授們的名字，貼在走廊的研究室位置圖上，每年調動時也都會更新。幾乎沒人發現這是我做的，但個人認為這能在學生匆忙間想找教授時派上用場。

21 記錄有趣的事情

幽默的種類五花八門，其中還有所謂的黑色幽默，所以或許很難一概而論，不過正向心理學認為活用幽默同樣有助於提高幸福度。

或許有人聽說過瑞士人缺乏幽默感在歐洲是常識這個說法，不過這裡要介紹的幽默與幸福感相關研究，就是瑞士蘇黎世大學研究團隊所提出的。

雖說這個研究團隊並不是因為缺乏幽默感才做出相關研究的，不過日本人也以缺乏幽默感著稱，所以這可不是與己無關的事情。

這場研究開發了五種可線上執行的課題，欲透過正向心理學的介入提升幽默感。

感謝方面的研究請參加者記錄當天發生的三件好事，而這裡的第一項課題就仿效這個做

活用幽默提高幸福感的五種方法

①記錄 3 件趣事
1.
2.
3.
②每天計算趣事數量
②
③
①
③努力體驗更多趣事
④詳細寫出曾體驗過的趣事
⑤用幽默感解決問題
!

法，請參加者**記錄當天發生的三件趣事**。

第二項課題則仿效計算善行次數的課題，**請參加者計算每天生活中所經歷的趣事**。第三項則仿效活用強項的研究，**請參加者為了體驗更多趣事而努力**。

塞利格曼教授在幸福感研究中，請參加者回想值得感謝的事情，並且寫出感謝的信。因此第四項課題就仿效這個做法，**請參加者詳細寫出曾經體驗過的趣事**。第五項則運用了認知治療，**請參加者試著用幽默面對生活難題**。

研究團隊將參加者隨機分成實踐組與對照組，請前者連續執行七天的課題，並分別在剛執行完課題、執行完第一週、第三週與第六週測量幸福感與憂鬱傾向。

另外則請對照組的參加者，寫下童年回憶後再調查執行前後的幸福感變化。

那麼結果如何呢？**「記錄當天發生的三件趣事」、「每天計算當天經歷了幾件趣事」、「努力體驗更多趣事」這三種幽默課題都具有提高幸福感、降低憂鬱傾向的效果**。

雖然效果的巔峰落在剛執行完時，事後就會慢慢降低，但是至少六週後仍可看見確實的效果。儘管這三項課題間有著細微差異，但是似乎可以獲得相同的效果。

各位是否也試著在生活中運用幽默，藉此提高幸福度，避免感到沮喪呢？這裡特別推薦給喜歡幽默的人。

但是希望幽默確實帶來幸福感時，能把前述課題執行到什麼程度就是一大重點。因此各位在選擇實踐的課題時，不妨從「自己應該辦得到」的項目著手。

計算趣事這項課題就是參考「計算釋放善意的次數」中的研究所開發出來的，所以同樣只需要計算即可，不必一一記錄詳細的內容，很適合我們這種怕麻煩的人。

當然，要是把生活中趣事忘得一乾二淨時，就沒辦法實踐這項課題了。但是如果能夠記得趣事內容，只是懶得特地作筆記的話，也很適合選擇這項課題去實踐。

另一方面，平常就有作筆記習慣的人，則只要按照習慣隨手記錄，事後再整理並寫出即可，所以或許比較適合寫出三件趣事這項課題。

最理想的做法，就是看著當天的事件筆記，邊回顧這一整天邊挑選出三件最有趣的事情。

至於努力把握各種能夠發揮幽默感的機會這項課題，或許最為大眾。但是想要實際體驗到效果的話，可不能按照日常方式行事，必須更加留意幽默感的運用才行。

雖然用幽默感面對問題這項課題並無出現一貫的效果，但是若能靈活運用在生活上，同樣可望看見效果。甚至愈花時間與工夫的課題，效果就愈好也不一定。

認為自己還無法善用幽默的人，就試著從計算趣事的數量開始如何呢？

22 喚醒內心的感謝

各位平常是否會表現出感謝之情呢？

根據柳波莫斯基團隊的研究，**寫出蘊含感謝之情的文章，有助於獲得幸福感**。

這場研究請參加者連續八週，每週花十五分鐘撰寫文章。

第一階段會請參加者回想，至今的人生中有誰曾為自己做過什麼，而這裡的一大重點就是必須想出具體的內容。接著會請參加者思索對方的行為，對自己往後的人生是否造成了影響？並試著去感受自己對此有多麼感謝。

接著再請參加者具體想像對方現在在做些什麼？自己多常想起這件事情與對方的善行？

最後再將自己的感謝之情寫成一封信，當然這只是為了要幫助自己牢記這件事情，不是

喚醒內心的感謝

為了交給對方。

下一週就要更換書寫感謝信的對象，但是如果想起同一個人也曾做過其他幫助自己的事情時，不換對象也沒關係。

這場研究的主要參加者是大學生，因此感謝的對象多半是父親、母親、朋友、老師、親近的親戚等，或許在自己什麼都辦不到的童年，自然會有較多感謝的機會吧？

但是感謝的對象當然不只有這些人，實際狀況隨著個人境遇與年紀而異，也出現了伴侶、公司主管與前輩等。

研究結果發現**「寫一封感謝信給關照過自己的**

人」時幸福感提高的效果，比單純寫出「一週內經歷過的事情」還要好。

相信看到這裡，各位也會選擇寫一封感謝信吧？

為了寫下這封感謝信，必須回首自己的人生，所以會不由得思考自己正朝著什麼樣的方向前進。那麼在這段人生中是否有對人生方向造成影響的人呢？是否覺得那個人獨一無二，非常慶幸遇過這樣的人呢？

從這個角度來看，這項課題或許會是一個契機，引導人們回顧過去，重新檢視自己的人生方向。

很多人提到感謝的對象時，第一個浮現的或許就是母親。畢竟在懵懵懂懂的孩提時代，得仰賴母親照顧我們的一切。

雖然也有很多人已經忘記那麼年幼的事情了，但是或許有機會想起青春期的自己，總是將母親給予的諸多照顧視為理所當然，在接受這一切的同時自以為獨當一面，自豪地認為沒有依靠任何人。

但是對母親的感謝或許以日常生活居多，很少能夠連結至造成人生轉機的重大經驗。從這個層面來看，或許老師會是對人生方向造成決定性影響的有力候補人選。畢竟他們是在我們懵懂無知的時代，教導社會規範與價值的代表性人物。

這次的研究並沒有實際寄出感謝信，但是另外也有請參加者實際交出感謝信的研究，結果有大學生選擇寄給國小老師。或許**實際遞交這封信本身，會對人生造成更大的影響**也不一定。

這麼做之所以會提高幸福感，是因為**課題並不會只在實踐期間發揮效果，而是會轉變成付諸實際行動的成果，幫助自己走在人生路上時更有信心**。

各位也試著每週花十五分鐘，寫下自己的感謝如何呢？

23 用日記寫下生活中的美好

目前已經確認記錄正向事件有助於提升幸福感。

英國的班戈大學（Bangor University）的卡特（Paul Carter）等人為了研究學校教育，請小學生在日記寫下當天發生的正向事件。

他們為此準備了A5的日記本，每頁都印有三格寫著「發生的好事」的表格，讓兒童們能夠藉此記錄**每天發生的三件好事**。持續一週後，可以看見兒童們的幸福感提升且憂鬱程度降低的傾向，並且一路維持到三個月後。

這場研究中最重要的發現，就是透過事前評價確認**本身幸福感不太高的兒童，參加完研究後出現格外顯著的效果**。之所以會造成長期效果，據信是幫助參加者更加樂觀的關係。

以成人為對象且聚焦於「品味」的研究中，也使用了日記這個方法。這是以「品味生活」研究聞名的芝加哥羅耀拉大學布萊恩教授等人，為了探討人們在經歷比「獲得正面經驗」更深入的「品味正面經驗」的效果所執行的研究。

品味讓人不僅止於「單純經歷過某件事情」，**而是能夠同時探索自己對該事件的感受、產生的情緒，以及對思想造成的變化等**。透過**與他人分享經驗、表達出自己當下的感受、給予「慶幸（感謝）」等評價**等，都能夠成為**讓心情變好的回憶，徹底感受這場經驗**。

該研究邀請了當地約一百名的志願者，透過說明會幫助他們理解研究與課題內容後，再開始線上撰寫三十天的日記。

這段期間同樣會透過線上針對「品味事件的程度」與「透過回憶該事件所產生的積極情緒」等進行評價。

結果發現正面經驗與品味程度、積極情緒之間確實有著關聯性，可以看出**想要透過正面經驗產生積極情緒，「品味」這個過程是很重要的**。

事實上，品味與正念（Mindfulness）也有相當接近的關係。雖然這場研究限定在正面經驗，但是即使是稱不上正面的經驗，甚至是負面經驗，都值得拿來品味。

熟悉佛教文化與傳統的人，可能對於這種不分正負均予以品味的做法感到親切吧？或許這種做法代表著逐漸不在乎正負之分，甚至是能夠用正面心態接納一切吧？

各位是否有寫日記的習慣呢？會將行程記錄在手帳等的人可能很多，但是會寫下當天發生事件與感受的人，似乎意外地少。

大家聽到「日記」一詞時可能都聯想到暑假作業，幾乎都抱持著快收假前才匆匆忙忙補完的麻煩印象吧？其實我也一樣。

布萊恩教授透過這場研究確認，**積極情緒的程度很明顯會受到品味程度深淺的影響**。期望經歷過的事件**能夠為幸福感加分時，必須仔細咀嚼自己如何看待該事件？從中獲得的感受？獲得什麼樣的影響？並且確實記下思索結果才行**。

記錄正向事件

想要彙整經驗並牢記下來，日記就是很好的工具。願意從簡單的做法開始嘗試時，不妨從今天開始每天記錄三件好事吧。就算只是偶然發生的好事，也非常歡迎記下。

如果在實踐過程中，覺得老是回想這類事情很無趣時，就稍微記錄自己在品味這些事件時的感受，或許能夠挖掘出自己不為人知的一面。

另外像是他人在出手協助時顧及自己的感受、微不足道的小事、偶然降臨的幸運等，都很值得細細品味後記錄下來。

活用日記等小工具，將有助於讓生活上的好事帶來幸福感。

第3章

日常思考方式

24 別用「零和賽局」思考幸福

人們有各式各樣的思維，最近備受矚目的信念之一是與社會有關的**「人生就是零和賽局」**。以入學考來說，就是只要有人合格就會有人不合格；以競技來說，就是只要有贏家就會有輸家。這類以競爭為主的場合，當然符合零和賽局理論。

再試著用金錢思考這個理論——金錢不會消失或是增加，只是單純從某個人手中轉移到另一個人手中罷了。因此從整體的角度來看，金錢同樣符合這種加加減減後結果為零的「零和賽局理論」。

這是玩家欲將自己利益最大化的賽局理論基礎框架，賽局中的玩家們是互相競爭關係。

雖說這場賽局是為了確立理論所假設的，但是背後其實藏著「人生態度」。

我們身處的社會有著各式各樣的稀少資源，其中最典型的就是黃金與寶石，另外名牌或高級品或許也是因其稀少性而深受重視。因為其他人沒有，所以才更具備持有的價值。

波蘭格但斯克大學（Uniwersytet Gdański）的研究團隊開發了測量零和賽局思維強度的測量尺度。團隊列出了「某個人的成功背後，通常代表另一個人的失敗」、「某個人的富裕背後，代表著另一個人的貧窮」等項目，確認參加者的認同程度。

結果大家有多認同這個理論呢？實際情況因人而異，所以有非常認同的人，當然也有沒那麼認同的人。從擴及全球四十三個國家的調查數據中發現，日本人對賽局零和理論的認同程度為第二十名，以全球來說位列平均值。

排行榜的前段班都是經濟情況較落後的國家，或許是因為對於生活其中的人來說，連生活必備資源都相當貴重，必須經歷一番競爭才能夠取得。相較之下，較富裕的國家在日常生活中，就比較不容易體驗到「零和賽局理論」。

此外偏重集體主義的國家，也有更相信「零和賽局理論」的傾向。日本在國際間的富裕程度優於平均值，卻在這個排行榜中落在正中間的原因，或許就是受到集體主義影響吧。

亞洲偏重集體主義、歐美偏重個人主義的分類法，或許也受到經濟狀態的影響，但是在排除經濟因素的情況下，集體主義與認同零和賽局理論的程度仍具備關聯性。

那麼進一步觀察這些參加者後，獲得了什麼樣的結果呢？

高度認同零和賽局理論的人最大特徵，就是不容易付出信任。當他們變得較信賴他人時，確實降低了對零和賽局理論的認同程度。換句話說，將他人視為心懷惡意的利己主義者時，自然就無法信任對方，而這就成了認同零和賽局理論的基礎。

認同零和賽局理論時，也會用同樣的角度看待生活中的許多事件，甚至面對幸福一事時也是如此。換句話說，認為幸福也符合零和賽局理論時，就會認為某個人的幸福背後，代表著另一個人的不幸。

如果各位聽到這個零和賽局理論時，只要內心浮現一點點認同，覺得「好像真的是這樣」時，趕緊修正這個想法才是上策。因為幸福與寶石、稀有物品等的性質截然不同。

幸福不是「零和賽局」

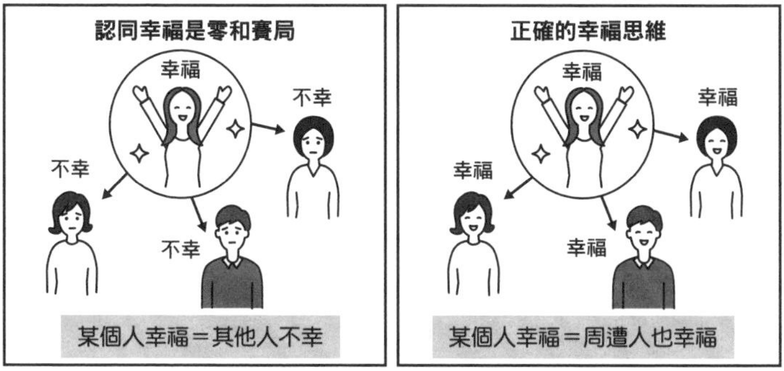

我們感到幸福時，身旁的人也會跟著感到幸福。而身旁的人感到幸福，也會對我們的幸福產生重大影響。如果周遭充滿不幸的人時，我們也很難通往幸福。因為我們並不是在進行一場爭奪「幸福」的零和賽局。

有些人用零和賽局理論看待幸福，於是處於很幸福的當下時，就會懷疑日後恐怕無法這麼幸福。秉持著如此想法不僅會拉低現在的幸福感，有時甚至會主動招來日後的不幸。

零和賽局，是在資源有限的情況下才會產生的特殊現象，無法適用大部分的事物，其中尤以幸福最不適合。

25 不追求幸福

各位是否想變得幸福呢？我也是如此，而且能夠這麼想其實是一件好事。

但是凡事的重點都擺在「追求幸福」卻是一大問題。

澳洲的墨爾本大學（The University of Melbourne）就針對「追求幸福的志向是否真能迎來幸福」一事做過研究，論文名稱就是「追求幸福卻適得其反」。

這場研究一開始先請參加者回答自己**追求幸福的程度**。

調查時提出了「無論面對什麼樣的狀況，感受到的幸福程度都代表著自己的人生是否有價值」、「我希望能夠比平常狀態更幸福」等問題，並為答案配置了不同的分數，藉此判斷各個瞬間的幸福，對參加者來說具有多少價值。

應重視正面經驗勝於幸福

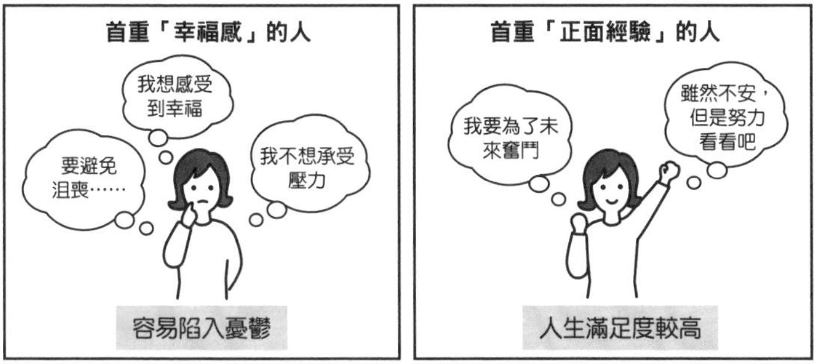
首重「幸福感」的人
我想感受到幸福
要避免沮喪……
我不想承受壓力
容易陷入憂鬱
首重「正面經驗」的人
我要為了未來奮鬥
雖然不安，但是努力看看吧
人生滿足度較高

這場研究還測量了**追求正面經驗的程度**，提出了「我計畫將每天的幸福最大化」、「我可以預測對自己人生重大決定具備主要影響力的，會是能否藉其獲得積極情緒」等問題，確認參加者重視正面經驗的傾向。

其他還詢問了人生滿足感、自尊心、不安與憂鬱傾向、消極情緒經驗方面的問題，再與前述兩種測量結果一起分析關聯性。當然結果如預測般，追求幸福的程度與追求正面經驗的程度是會互相影響的。

那麼具體的結果是什麼呢？

首先，追求幸福的程度偏高時，並不會帶來較高的人生滿足感，反而提高了與憂鬱傾向的關聯性。也就是說，**追求幸福的程度愈高，憂鬱傾向就愈高**。

另一方面，追求正面經驗的程度高低則與人生滿足度有關，且幾乎看不到與憂鬱傾向的關聯性。也就是說，**愈重視正面經驗的人，人生滿足感就愈高**。

從研究結果可以發現，追求幸福的心態若非「透過正面經驗帶來幸福」，而是「不管如何就是以感受到幸福為主」時，反而可能提高憂鬱傾向。

為什麼會這樣呢？這場研究也調查了消極情緒。

結果發現**追求幸福的程度愈高，就愈具備避免不安與沮喪等消極情緒的傾向，而這正是造成幸福感低落的原因**。

目前已經有許多研究結果顯示無論面對什麼情況，都首重幸福感的話，反而會造成幸福感低下。

透過這場研究可以進一步得知，逃避不安、沮喪或是壓力等消極情緒時，很可能就是造成這個問題的主因。

各位是否希望感受到更多的幸福呢？

如果為了提升幸福感而努力避免不安與沮喪等消極情緒時，就必須稍微留意。或許提升幸福感一事已經造成心理壓力，也就是說，你已經將「感到幸福」視為一種必須去做的課題，反而會讓已經握在手上的幸福消失無蹤。

請別把重點放在感受到幸福，而是著重於有助於提升幸福感的行動。

以幸福為主要目標時，可能會因為展開行動前的不安或是瓶頸等而失望。但是這其實都只是幸福生活的一部分而已，所以逃避這些只會更加遠離幸福。

幸福的人會專注於行動而非情緒，行動的結果則會化為伴隨著充實感與人生滿足感的幸福感。如此一來，**就會體驗到即使是消極情緒也有相應的價值**。

我們會隨著持之以恆的實際行動而成長，看見自己的成長時自信就會增加。而且成長過程中也有機會鞏固人際關係，如此一來，就又進一步獲得了提升幸福的要素。

26 感受人生意義

期盼擁有良好的人生時，對人生意義的感受格外重要。

像是在納粹集中營中努力存活的維克多・法蘭克（Viktor E. Frankl）所著之《活出意義來》（*From Death-Camp to Existentialism*，中文版由光啟出版）、從與痲瘋病患相處之中深化思緒的神谷美惠子所著之《關於活著的意義》（生きがいについて，暫譯）都是名垂青史的經典作品。這些於二十世紀問世的名著，探究了人生意義，有許多值得學習的地方。

現代也已經透過反覆的研究，證實了**愈是認為人生有意義的人，幸福感就愈容易提升**，也就是說**追求幸福人生的一大重要因素，就是必須實際體會到人生的意義**。

那麼該怎麼做才能夠感受到人生意義呢？難道必須像法蘭克或神谷美惠子一樣，歷經一番風霜又經過深切思索，進而達成特定條件才行嗎？

密蘇里大學的金（Laura A King）等人就透過研究，從另一個角度探討人生意義。

這場研究使用的測量工具，是依法蘭克思想所開發出的「人生目的尺度ＰＩＬ」，藉此確認參加者以整體情況來說，感受到了多少人生意義。

另外也用「近兩天內，我的人生與生活擁有明確的目標或目的」這個問題，從日常生活充實度確認對人生意義的感受。

此外也調查了現在的積極／消極情緒、整體情緒狀態以及與積極情緒有關的性格外向性。結果發現整體感受到較多人生意義的人，有積極情緒較高、消極情緒較低的傾向，也就是說**積極情緒高張時通常也會感受到更強烈的人生意義**。

此外也確認了與積極情緒有關的性格外向性，與人生意義具備相當大的關連性。也就是說，性格愈是外向的人就愈容易體驗積極情緒，藉此感受到較充沛的人生意義。

其他研究透過後續追蹤發現，即使在某個時間點認為自己的人生很有意義，幾年後也不

充實日常生活有助於體會人生意義

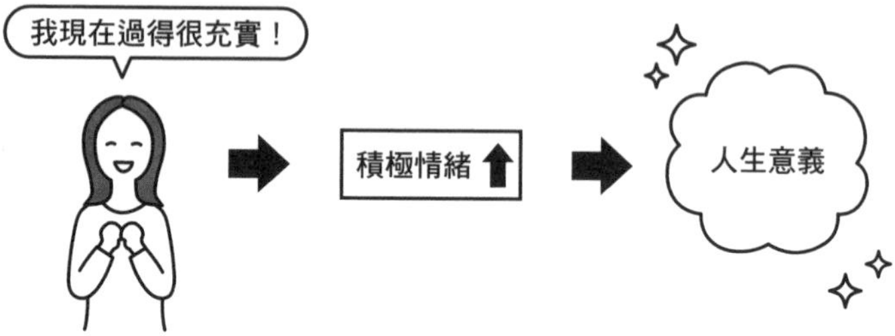

會因為這件事情而產生積極情緒。從這個事實可以推測，積極情緒才是帶來人生意義的原因。

生活中感受到的充實與意義，會帶來積極情緒，而這些日常生活中感受到的積極情緒，則會造就整體人生的意義。

從這場研究的結果可以得知，我們可以重新檢視自己在日常生活中感受人生意義的方式，確認其是否能夠帶領自己通往真正的幸福之路。

首先應做的就是**充實眼前的日常生活**。

珍惜每一瞬間、動一動、享受美食、挖掘特別的興趣等，藉由充實的生活盡情品味快樂、愉悅與滿足等積極情緒。

接著就是**讓積極情緒得以持續**。帶著愉悅的心情行動時，幸運的話或許能夠邂逅更令人開心的事件。

一如外向性格造成的影響，這裡最重要的就是透過持續的積極情緒，讓自己成為「隨時保持愉悅心情」的人。只要達到這個地步，就能夠在做出各種行為的過程中，發現自己珍視的價值觀以及其與未來息息相關的一面。

若是平常就能夠珍惜重要的人，或是確實感受到自己正朝著目標道路前進，該會有多麼愉快呢？

一直維持在心情充滿積極情緒的狀態時，藏在內心的感謝、溫柔、熱情與誠懇自然會浮現，進而幫助自己感受到人生的意義。

所以就從最容易實現的事情開始吧，那就是先充實眼前的生活，這將會成為重要的一步。

27 珍惜時間勝於金錢

我屬於付現派，但是最近在便利商店付現的人已經愈來愈少了。

前幾天去超市的時候，不小心只帶了零錢而已，結果在購物的同時得一直計算價格以控制在可支付的範圍。如果我有開通手機支付的話，就不必在此耗費心思了吧？

因此我對現金的看法正在改變中，畢竟即使是以手機支付，實際上用的仍然是自己的錢，因此錢很珍貴這件事情依然沒有改變。

同樣珍貴的還有時間。時間可沒辦法存在某處，而我們想做的事情與必須做的事情卻多得不得了，讓時間怎麼算都不太夠。

加州大學經營學的學者就針對一般民眾做出線上調查，提出「你希望下列哪一項可以更

重視時間勝於金錢會比較幸福

多？時間？金錢？」這個問題，結果發現在其他條件齊全的狀況下，有一半的人認為「時間」比「金錢」更重要。

請民眾從中做完選擇後，又請他們用分數評價這個想法的程度。

「現在擁有多少時間與金錢」這個主觀評價提供了「很多」至「幾乎沒有」這些選項，而客觀評價則請民眾填寫家庭收入與勞動時間。

這場研究的目的是請民眾依主觀評價幸福度與人生滿足感，以及與人口統計學相關的主要影響因素，例如性別、年齡、婚姻狀態與是否有小孩等條件。

結果有六十五%的人金錢比較充裕，剩下三十五%則是時間，但是後者的平均幸福度卻高於前者。

排除了實際擁有的金錢與時間、年齡與性別的影響後，仍然獲得相同的結果。這場研究同時也調查了幸福度，藉此確認儘管重視時間的程度與幸福度沒有很明顯的因果關係，但是**重視時間的思維具有提高幸福度**的可能性。

這場調查並不只有線上填寫問卷，另外還在車站安排了調查。結果在車站回答問卷的人當中，有五十五%的人回答「時間」，同樣獲得**選擇時間的人幸福度較高**的結果。從客觀條件來判斷，車站的回答者富裕程度稍勝於線上調查回答者，但是有時間不夠用的傾向。

因此團隊又將調查對象隨機分成兩組進一步調查。其中一組必須撰寫時間有多重要的文章，另一組的主題則是金錢有多重要。

探討金錢重要程度的人們，在後續調查中回答「金錢比較重要」的人比撰寫文章前還要少，但是探討時間重要程度的人們，在後續調查中卻有更多人回答「時間比較重要」。也就是說，透過這個簡單的實踐行動，就足以稍微改變人們看待事物的比重。

各位認為金錢與時間哪個比較重要呢？如果認為時間比較重要，且比金錢重要許多的話，肯定也會有相當高的幸福感吧？相反的或許也有人選擇金錢，然而這可能會成為追求幸福的阻礙。

但是如同這場研究所示，對金錢與時間的重視程度並非與生俱來的，也不會受到自己手中持有的金錢數量所影響。所以在意自己重視金錢勝於時間的價值觀時，從今以後試著翻轉自己的想法，或許就能夠逐步轉換成重視時間的生活方式。

即使如此仍認為金錢比時間更重要的人們，也可以試著寫幾篇文章探討時間的重要性。

珍惜時間或許就代表著重視自己運用時間的方式，此外**也會將當下所感受到的一切放到最大，也等同於對「品味生活」的重視**。

運動可幫助身體品味各式各樣的感覺，即使是健行這麼輕微的運動，也能在舒展身體的同時品味自然環境。這些經驗都有助於直接提升充實感，變得不容易沮喪，相當推薦。

28 不與他人比較

現代人可以透過社群網站，看見他人參加耀眼的活動，或是享有美好的時光等，而人們之所以將其上傳到社群網站，也是因為認為這些時光很特別的關係。

然而回首看看自己的生活，或許會覺得自己過得平凡無奇，沒有什麼值得上傳到社群網站的事情，有時難免會覺得自己很悲慘。

這是一種進行名為**社會比較（Social comparison）**的行為後產生低落情緒的現象。

當然不是使用社群網站就一定會產生這種現象，只是社群網站是特別容易引發社會比較的環境。

目前已知有些人容易陷入社會比較，但也有不容易陷入其中的人。

所以有研究團隊就開發了測量「社會比較傾向與頻率」的量表。

事實上社會比較可分成兩種。比較對象為狀態優於自己時稱為向上比較，對象狀態劣於自己時則稱為向下比較。

社群網站容易造成的社會比較，通常對象會處於日常中接觸不到的高水準生活，因此偏重向上比較，容易造成自我評價下滑。

另一方面，向下比較後會認為自己也沒那麼差，所以有助於提升自我評價。

印第安納大學（Indiana University）藤田法蘭克（Frank Fujita）教授提到，就理論來說社會比較頻率與幸福感之間其實有著形形色色的可能性。

也就是說，任誰都可以決定是否做出社會比較？也可以決定自己要和誰比較。此外如果想要讓自己一直維持在積極情緒的狀態，也可以透過社會比較讓自己變得更加積極與幸福。

但是並非只有選擇向下比較才能夠帶來如此可能性，即使面對的是向上比較，只要試著從對方身上挖掘成長的靈感，自然會產生積極情緒，幸福感也會跟著提高。

但是實際研究結果卻背離藤田教授的預期。研究結果發現**社會比較頻率愈高，就有自尊心愈低且性格愈神經質的傾向**。因為人們通常是在**負面情緒愈強烈或是內心偏向晦暗時，特別容易做出社會比較**，但是研究中並未對這方面的因果關係多做說明。

不過據信人們在情緒晦暗的情況下，特別容易思索自己的處境，**這時做出的社會比較也比較容易引發消極情緒而非積極情緒**。

我並不認為一直維持在積極情緒的狀態是件好事。

雖然人類進行社會比較時容易產生消極情緒，但是這肯定會對適應與成長帶來某種助益。如果社會比較的對象是過去或未來的自己時，或許可以帶來更具建設性的功效。

以前明明過得很好，現在卻處處不順利——像這樣試著比較現在與過去，有助於找到改善的地方；未來的我應該可以這樣吧——試著和未來比較時，則可幫助自己找到目標。

各位產生社會比較的頻率有多高呢？

社會比較

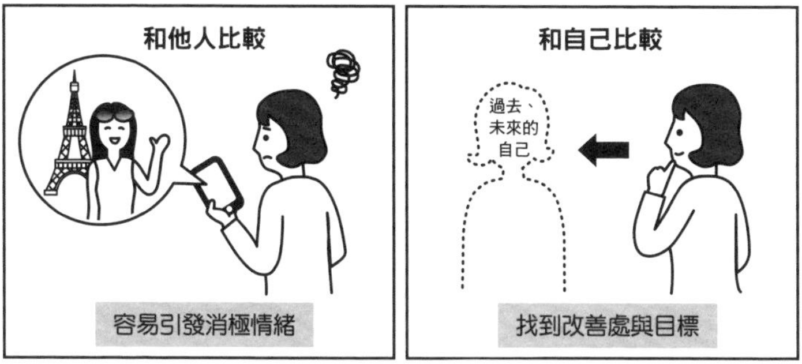

藤田教授的研究顯示「每個月數次以下」的人約四%，這些人肯定和社會比較帶來的負面情緒比較無緣。

回答「總是」或是「幾乎隨時」則有二十一%，實在稱不上少。這類型的人若是將過去與未來的自己視為比較對象，或許就很有比較的價值。

容易因為社群網站與他人做出比較的人，稍微遠離社群網站是比較明智的選擇。但是另外有研究報告顯示，會用社群網站報告近況的人，通常自尊心與幸福感也較高。

也就是說，社群網站之所以有減損幸福度的可能性，在於僅被動接收資訊並產生社會比較。

29 不隨著負面資訊起舞

每次聽到「最近真多不好的消息」時都會深有同感。但是仔細思考會注意到，至今真的有所謂好消息特別多的時候嗎？我們是否總是覺得「最近」真多不好的消息呢？

即使真的有好消息，也很難比不好的消息更受矚目吧？因為我們會想知道也必須知道的，往往就是不好的消息。這在心理學稱為**「消極偏見」**。

人們習慣將注意力放在負面且具否定意味的事件上，畢竟我們蒐集資訊就是**為了預防將來可能發生的危險**。

開車的人遇到有許多視線死角的轉彎處時，會特別留意其他車輛或是有沒有自行車衝出

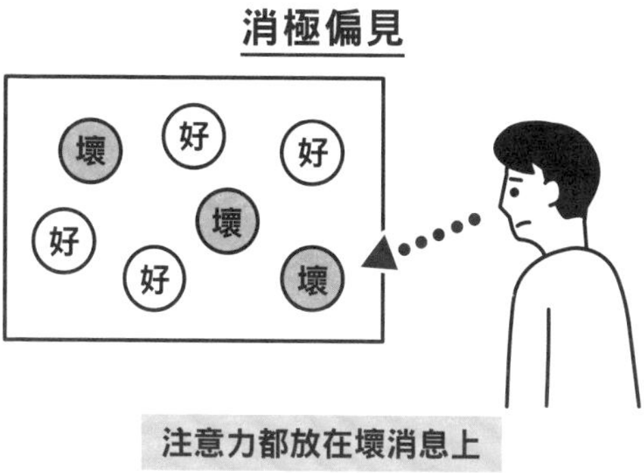

來是理所當然的。如果有司機沒有專心開車，絲毫沒注意到眼前的交叉路口，只顧著眺望藍天心想天氣真好，或是路邊那朵美麗的花叫什麼名字的話，這才令人傷腦筋。

我們的大腦就像這樣會隨時留意未來可能發生的負面可能性，以便做好防範的準備，因此人類會留意（可能）不好的消息也是再正常不過了，可以說是正常到沒必要稱為「偏見」的程度。

但是連同開車在內，這麼做的問題在於必須一直耗費心思在上面。我們接收新聞時會身心緊繃進而產生心理壓力，也會更留意探索自己身邊是否已經有壞事發生。

然而電視新聞追求的是收視率，收視率愈高就代表節目評價愈好，因此不少節目都盯上大眾關心的「負面性質」，刻意朝著這個方向製作；再加上新聞節目為了在同業之間脫穎而出，往往流於「將負面新聞報導得更加聳動」的競爭。

這個傾向愈來愈嚴重時，不管轉到哪個頻道，我們都得承受愈來愈沉重的壓力。災害發生時這種傾向更加明顯，讓人每次看新聞都覺得心情難受。

但是我們的內心在日常生活中的運作，與接收到壞消息時的運作截然不同。

我們透過新聞資訊蒐集到的資訊，都出自於特殊情況，和實際的日常生活大相逕庭。事實上我們的日常生活比較偏向**「積極偏見（Positive bias）」**的狀態，以該領域研究的專業術語來說，就是**「積極錯覺（Positive illusion）」狀態**。

至今的研究已經詢問過許多人感受到的幸福度，其中也有「你認為自己比周遭人幸福嗎？」的問題，這時有許多人都回答「沒錯」。

從這裡得出的結論非常明確。我們對「自我幸福度」的判斷，很容易偏向「積極的方向」。不過這部分似乎也受到文化影響，因此美國人給出的答案比日本人樂觀許多。對日本人來說，若是問卷有提供「跟其他人差不多」這個選項時，恐怕大部分的人都會選這個吧。

之所以會出現這樣的傾向，據信是因為日本人即使自認為很幸福，也會顧慮到周遭人的心情或是擔心招來他人的嫉妒，所以不太敢說出自己很幸福這種話。

無論是哪種狀況，**以積極的態度自認為「幸福」時，有助於提升自尊心與樂觀性，而這正是幫助心靈維持平穩健康的重要因素**。

另一方面，我們仍然需要「消極偏見」以預防危險。這種必須同時重視積極面與消極面的心理運作，乍看之下相當矛盾。

當世界充斥著災害等負面資訊時，我們仍必須在無損積極觀點的前提下，發揮消極偏見的功能；也必須提醒自己冷靜面對負面資訊，如果是深入了解後會引起憤怒或悲傷等強烈情緒反應的資訊，就請避而遠之。

30 想像理想中的自己

想像未來的自己時，樂觀性是很值得活用的性質之一。當然有時也必須冷靜下來，從客觀的角度思考後下判斷。

但是冷靜（大概也會偏保守）判斷自己的未來時，難免會變得悲觀，甚至會感到沮喪。然而期望變得更幸福時，提高樂觀性會是一大重點。

接下來要依柳波莫斯基團隊的研究，介紹為了對抗悲觀傾向開發出的「提高樂觀性之道」。具體的方法就是每週想像一次「理想的自己」。

總共為期八週，每週只要花十五分鐘即可。不過這個頻率實在太低，難免會忘記，所以各位不妨填在行事曆上提醒自己。

當然執行這個方法的前提，是主動興起想要實踐的熱情。

這十五分鐘內請想像將來的自己吧。想像的內容會直接影響未來的實現狀況，所以請努力想像出自己最棒的模樣，並且試著想像最理想的人生會是什麼樣子吧。

剛開始不妨先想像十年後的理想生活，以及到時候自己與身邊人的關係，如果一切都能夠順心如意的話，生活會變得怎麼樣呢？（這裡建議各位不要過度思考太複雜的條件）順利想像完之後，請將內容寫下來。

每週都要執行相同的課題實在很難持之以恆，所以請以不同的角度去思索人生吧。這麼做不僅比較容易持續，也能夠更明確刻劃出理想的模樣。

這場研究依序請參加者想像「欲達成的業績或成績」、「興趣」、「家庭關係」、「職涯」、「社會生活與社會關係」、「地區或與自己有關的團體」與「自己的身心健康狀態」，各位當然可以視情況調整沒問題。

像這樣想像出期望成為的模樣，能夠**幫助人們具體掌握理想的自己，強化朝著這個方向**

想像未來的自己

目標更清晰後，就能夠朝著理想前進

前進的幹勁，而這份熱情就如同**人生的希望**。

此外，如前所述，研究團隊請參加者想像的項目中，有許多都與人際關係有關。這是因為**想像未來的良好人際關係，有助於提高樂觀性，間接帶來幸福感**。

當然這不是神奇的魔法，並非凡事寫在紙上就能夠實現，但是先想像後再記錄下來，能夠幫助我們思路更清晰。

在日常生活中胸懷具體目標時，當初記錄下來的一切都會成為明燈，指引自己做出正確的選擇，以通往理想自我之路。

另外，在思考接下來的人生該做些什麼時，若能夠具體想像出期望實現的內容物時，就能夠明確理解第一步該的事情，同時還能夠強化想要這麼做的幹勁。

看見目標並且產生希望，再為此踏出第一步就能夠邁向幸福。

花了八週時間想像理想自我的人，不僅在實踐後幸福感提高了，半年後仍維持高幸福感的狀態。此外即使沒有團隊要求，也有人主動繼續實踐這項課題，肯定是認為這麼做對自己有益處吧？人稱正向心理學之父的塞利格曼，針對樂觀性做了非常多研究，這樣的他就很推薦前述這項課題。

或許有些人能夠透過描繪理想的自己，稍微提升自我滿足感吧？如果想像中的自己在十年後會因為中樂透而成為億萬富翁，或者是整天遊山玩水時就更是如此。

但是**如果想像中十年後的自己，是透過自己的努力與選擇所造就的，那麼蘊含在想像中能量將會成為開拓未來的力量，即使沒辦法百分之百實現，肯定也會獲得幸福吧**。

31 不為失敗自責

人生不如意十之八九。

發生災難時，我們的人生很容易遭大自然的可怕力量顛覆。但是即使元凶是地震或颱風等自然因素，有時仍會不禁自責，認為若是當時做出正確的判斷就能夠預防損害了。

這就是本節要探討的自責狀態。相信總是使勁全力在努力的人，特別容易自責吧？其實現在有一種方法叫做**自我疼惜（Self-compassion）**，希望幫助人們在精神方面遇見瓶頸時藉此接納自己。

這是種將原本用來接納失敗者的同情心（Compassion）用在自己身上的方法。

以自我疼惜研究聞名的德州大學（The University of Texas）克莉絲汀・聶夫（Kristin

自我疼惜＝對自己的體貼

Neff）副教授，就提到自我疼惜是由下列三個條件組成：

①**對自己的溫柔：**體諒並理解自己的失敗與煩惱。

②**理解這是共通經驗：**將自己的失敗經驗，視為人類共通的經驗而非自己獨有。

③**正念：**以平常心接受自己此刻遭遇的瓶頸，不要過度放大。

自我疼惜是種**對自己的體貼**，能夠保護自己不受自我批判、孤立與憂鬱狀態傷害。據信這種思維源自於佛教的傳統，是種具多面向的複雜理念，深受佛教文化影響。

因此提高自我疼惜的練習法，便是源自於佛教傳統呼吸法的冥想。除了冥想以外，也可以寫一封「疼惜自己的書信」。

進行自我疼惜的冥想時，請在內心默念「希望我能夠安全」、「希望我能夠幸福」、「希望我能夠健康」與「期待我的煩惱與痛苦能夠消失」這四句，讓自己受到溫柔的意念包圍。

聶夫副教授在研究中試圖驗證著眼於自我疼惜的冥想效果。結果發現不僅成功提升自我疼惜程度，參加者的主觀幸福感與人生滿足感同樣變高。也就是說，學會自我疼惜有助於讓人感到更幸福。

以我個人經驗來說，很多護理師對其他人都很溫柔，但是對自己特別嚴苛。建議這類人強化自我疼惜的技能，學習並實踐對自己溫柔一點。據信學會自我疼惜後，也會發現體貼他人還有這麼多其他的方法。

各位是哪種類型的人呢？如果同樣是嚴以待己，或許格外有學習自我疼惜的意義。你所苦惱、困擾的問題核心，或許就源自於對自己不夠溫柔，總是自責並批判自己所致。如果這就是造成壓力的元凶時，強化自我疼惜的技能會比一般紓壓方式還要有效。

所以請試著不要過度責怪自己，將用在別人身上的溫柔分一些給自己吧。對於總認為自己應該可以做得更好的人來說，這是非常重要的方法。沒有人是必須自責的。

聶夫副教授出版了與自我疼惜相關的著作，市面上也有譯本，雖然是比較艱澀的專業書籍，但是相當值得信賴。而這本書的日文版譯者石村郁夫老師，同樣撰有值得一讀的相關著作。只想要簡單接觸這個概念時，不妨先從淺顯易懂的書籍開始讀起；想要認真學習這個概念時，也可以試著閱讀字數較多的專業書籍。對於容易困在過度自我期許的人來說，光是擁有這樣的觀念或許就能夠感到更幸福了。

但是光是閱讀並將其視為一種知識去理解，並不是真正的「學會自我疼惜」。唯有實踐自我疼惜才算真正習得，所以真心想習得這門技巧的人，仍建議找專業指導老師協助。

32 適應環境變化

有時公司來了新員工，結果對方總是碎碎念著「前公司才沒有這種規定」——或許各位身邊也有這樣的人吧？這種人就是無法順利適應異文化的案例。

這裡要介紹的研究是由香港大學與墨爾本大學合作，研究對象是這兩所大學裡的中國籍大學生。他們要透過這些在澳洲念書的中國籍大學生，確認在面對必須適應異文化的壓力時，是否會對人生意義與積極情緒產生影響。

此外由於在香港大學讀書的中國本土大學生，也同樣面臨適應異文化的課題，所以便同時分析兩邊學生以互相對照。由於這是二〇一〇年所做的研究，因此要請各位先明白這是在香港情勢發生巨變之前的事情。

人生意義可以從壓力中保護積極情緒

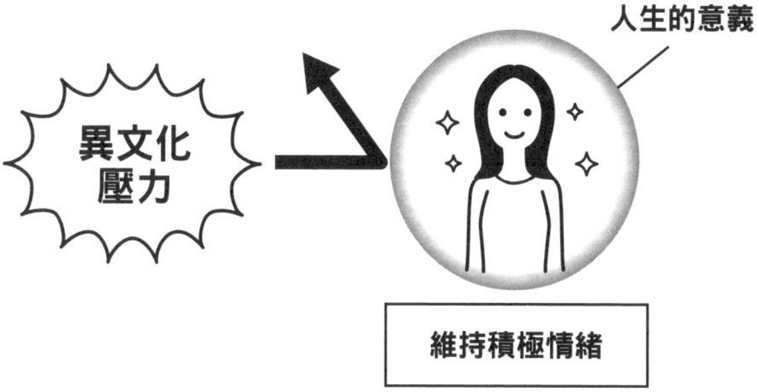

這場研究調查的是積極情緒與人生意義之間的關聯性，以及異文化壓力的強度。

調查內容是針對中國大學生所設計，因此異文化壓力的內容包括語言問題、文化差異、學習問題與社會關係。

問卷提出了「因為不是當地人而失去某些機會」與「經濟狀況不佳，生活困苦」等項目，請參加者回答程度。

結果確認了積極情緒、人生意義與異文化壓力之間是有關連性的。

異文化壓力會同時造成人生意義與積極情緒低下，人生意義低下也會進一步造成積極情緒變差。

反過來說，**即使面對著壓力，只要人生意義沒有大幅降低，就能夠保有一定程度的積極情緒**。因此這篇論文就命名為**「人生意義能夠保護積極情緒不受異文化壓力影響」**。

近來日本也有許多搬到國外定居的人，即使待在日本境內，因為升學而踏上新的土地也已經成為相當普遍的狀況，換工作也不是什麼罕見的事情。

即使一直都待在同一個職場，上班地點變動或部門調動也是家常便飯。儘管差異沒有異國文化那麼大，不同的部門或土地也會有許多不同的文化，而且並非每一件事情都能夠理解背後原因。這時就必須看開一點，用「畢竟這裡和我熟悉的地方不同」轉換心情，努力維持積極情緒吧。

只要思考降臨在自己身上的好事即可，例如身旁某個人會顧慮自己的心情、自己仍相當健康、沒有什麼不快點解決就傷腦筋的問題纏身等。只要能夠保有積極情緒，或許就能夠早到獨樹一格的解決方案。

另外一種在這種情況下維持積極情緒的方法，就是**確實感受人生的意義**。

試著將部門或上班地點的異動，視為重新審視人生意義的好機會。

所謂的人生意義，未必要是讓世界變得更美好這麼恢弘的志向，只要控制在自己能力所及的範圍內即可，同時感受到多方面的人生意義也很好。

此外有另外一場研究引用了這項研究，並發現要保護積極情緒不受異文化壓力侵害，不只要重視人生意義，和新朋友的交流、多方參加休閒活動也很重要。

想要適應新環境的話，建議運用各式各樣的方法，從各個角度一一擊破瓶頸吧。

33 敞開心胸接受一切好與壞

身邊發生負面的事件時，就算沒什麼大不了，也很容易感到焦躁或沮喪。

原本天氣很好，但是早上前往車站的路上突然下雨，心情就會浮躁了起來，甚至沮喪認為今天恐怕運氣不佳。

事實上學者們從很久以前，就開始研究如何避免在負面情緒中鑽牛角尖。其中一個方法就是在調整呼吸之餘，進行能夠整頓思緒，讓思路更開闊的冥想，藉此撫平自己的情緒。近來也針對冥想進一步研究，以便讓大眾都能夠多方活用。

這種方法即稱為**正念冥想**，Google等走在時代尖端的企業都已經引進。

正念指的是**專注於眼前的這一瞬間，打從心底接受事件的全貌，不去區分好或壞**。

據信**正念有助於活化腦部，降低對壓力的敏感度，讓職場表現更加活躍**。市面上除了相關書籍可以參考外，YouTube也有早稻田大學雄野宏昭教授上傳的解說影片，另外也有相關DVD、手機APP等多種管道可以學習。

西班牙的漢姆一世大學（Universidad Jaume I）克里斯蒂安・庫（Cristián Coo）等人就調查了正念冥想的效果。

這是依正規的正念認知療法MBCT所做的研究，辦理了三次研討會，每次一百五十分鐘。每個階段都由①說明與解說六十分鐘、②團體討論六十分鐘、③正念運動三十分鐘組成，並且要求參加者在家中也要實踐正念生活。

完成這三個階段後，團隊就會確認：①對自動化思考的認知&能否自我掌控對身體的注意力、②壓力對身心的影響&情緒、身體感覺與行為的關係、③實踐正念生活是否有助於維持生活平衡，在自我照顧方面是否具有意義等。

團隊測量了**參加者的工作敬業度、參加研討會前後的幸福感，並請參加者對工作成果進**

正念的效果

行自我評價，以確認學習正念的效果，結果發現**前述這三項在參加正念研討會後全部提升了**。

儘管正念研討會只有三次，且每次的時間都很短，但是卻成功幫助參加者在生活中實踐正念，**提升了工作上的表現與幸福感**。

很多人聽到冥想都會誤以為是必須經過長時間修行才能學會的，但是正念冥想在美國已經愈來愈普及，並濃縮成專門對抗壓力的訓練法，隨時都能夠輕易實踐。

期望學習最正式的冥想時，以日本來說因為有專門體驗「禪」的場所，使得冥想並沒有那麼遙不可及，對追求正統的人來說相當有利。

不過正念冥想不必像傳統冥想那麼正統也無妨，只是想要學習有效提升幸福感的方法時，源自於美國的正念技法已經有相當易懂的流程可依循，所以也是種不錯的選擇。

此外也可以單純參考正念的思維即可，我們困在某種思考時，很容易不由自主地鑽牛角尖，深陷非黑即白的想法，但是正念思維能夠幫助我們降低其優先程度。

我們有時會只看得見事物的壞處並困在其中，但是嘗試認知療法與認知行為療法常用的正念觀點，有助於從中解放。就連人際關係遇到瓶頸時，只要別專注於不好的一面，就能夠避免事態往更惡劣的方向發展。或許也能夠因此接納現實，順其自然地度過關卡。

但是指望正念思維解決問題的想法，卻相當不符合正念思維的精神。正念思維充其量只是幫助自己朝向解決之道的第一步。

任誰都會期望早點解決問題並盡快前進，不過有時**無視好壞，在當下環境多加磨練**或許也是必要的。

34 著眼於人們的美好之處

每當看到負面或是與犯罪有關的報導，就很容易專注在人類惡質的一面。確實世界上有著以自我為中心且貪心的人類，有些人殘酷且具攻擊性。

但是並非所有人類都是如此，很多人都擁有美好的一面。在不會有任何回報的情況下仍願意伸出援手，或是全心全意做好工作直到交出自己滿意的成品，相信各位的身邊就有這樣的人。

此外音樂、藝術與文學等藝術領域，也有許多令人難以相信出自人類之手的偉大作品。

像這樣實際感受到人類的美好之處，能夠為我們帶來幸福感。

愛達荷州的路易斯克拉克州立學院（Lewis-Clark State College）就要求學生針對①自然

藉由「九個美好之處」提升幸福感

①自然　②藝術品　③人類道德

分別寫出三件自己曾覺得美好的經驗

之美、②人類藝術品之美、③符合道德的人類美好行為撰寫文章。

蘇黎世大學的研究團隊則依這個課題為基礎，請參加者針對自然、藝術與道德這三個領域，分別寫出三則文章，也就是說總共指出「九個美好之處」，並透過線上系統交出。

這次的參加者均是自願報名的成年人。研究團隊將參加者分成兩組，分別是「九個美好之處組」與「童年回憶組」，兩組繳交的文章長度相同，並且分別在事前、一週後、一個月後、三個月後與六個月後調查幸福感與憂鬱傾向。

具體的課題內容是花一週的時間，每天在傍晚用十五分鐘的時間，寫下當天經歷的「九個美好之處」後透過網路提交。團隊也依各主題提供了撰寫範例，以便參加者能夠輕易進行。

但是要每天撰寫這些文章還是有一定難度，因此有一半的人中途就放棄了。而研究結果發現，雖然事前兩組人的幸福感並無明顯差異，但是「九個美好之處組」的幸福感在撰寫後提高了，並於一週後與一個月後都維持一定的高度。

憂鬱傾向的部分亦出現相同結果，且憂鬱傾向在實踐一週後仍維持下降的狀態。

由於這場研究是以成年人為對象，並且獲得了具一致性的結果，可以說是得到相當紮實的證據，因此各位不妨一試。

雖然研究並無調查「自然之美」、「人類藝術品之美」與「符合道德的人類美好行為」這三個主題的個別效果，只能確定同時寫出這三個主題有助於提高幸福感，但是尚無法確認只寫「藝術品」或「美好行為」時是否同樣有效。

但是無論是音樂、建築、藝術品還是科技商品，在日常生活感受到這些由人類打造出的美好事物，都具有豐富人生與提高幸福感的效果。

在日常生活中體驗到他人的溫柔、在沒人看見的地方仍持續努力或是保持誠實等符合道德的美好經驗時，會更加尊敬與信賴身旁的人。如此一來，幸福感的提高也是理所當然。

某個地區發生災難後，會有段稱為「蜜月期」的時期。在這個大家皆因災難而受苦的期間，人們會主動向比自己更困難的人搭話並伸出援手、互相幫助，彼此間的信賴感也會跟著提高。

隨著他處的救援到來，人們的困難逐漸獲得解決，並失去了災難帶來的平等關係時，蜜月期就會宣告結束。但是這種不平等的關係並非外在力量造成的，單純是因為人類社會潛藏著會造成這種狀態的力量。

各位不必特別要求自己去做出美好的行為，但是**在日常生活中留意人類的美好之處，並珍惜這些美好的經驗**是相當重要的。如此一來，才能夠讓潛藏於深處的**互信互助之心**更加強大，而這肯定會為自己帶來幸福。

35 接納這個世界

各位是如何看待這個世界呢？是否認為這個世界充滿著危險，既詭異又恐怖，避而遠之才是上策呢？或者是認為世界非常安全，到處都是美麗或有趣的事物，期待自己能夠一直參與其中，享有活力十足的生活呢？

隨著新冠肺炎蔓延全世界，人們都承受著巨大的壓力，在這樣的世界中，西班牙研究團隊進行了一項調查。他們從國民的名冊中隨機抽選兩千名成年人，並透過線上進行調查。內容包括創傷後壓力症候群（PTSD）等與壓力有關的各種指標、創傷後成長（PTG）程度的測量，以及開頭提到的對世界的看法與對世界的基本信念。

結果發現**用正面態度看待世界時，能夠跨越各種壓力進而成長**，相反的**認為世界很危險**

看待世界的態度

世界很美好
能夠跨越壓力並獲得成長
世界很危險
遇到壓力時容易罹患 PTSD

時容易釀成PTSD。

面對傳染病的大流行，任誰都會擔心住院或死亡，在這樣的環境中也會體驗到更多社會方面的不平等與歧視對吧？即使自己沒有犯錯，仍可能在這個環境下失去工作。

這時**堅信世界很美好的人，才能夠成長為可靈活應付各種狀況的人**。

這種用正面態度看待世界的信念，並不是什麼一對一的關係。這種信念的效果是否得以發揮，仰賴的是希望、對他人的信賴、對不確定性的包容程度等因素。也就是說，姑且不論細節，以宏觀的視野去探討時，可以確認**看待世界的態度，會**

對傳染病大流行下的幸福感與實質幸福造成莫大影響。

調查中透過「世界大部分是美好的」、「人生中美好的事物多於醜陋的事物」等項目，調查了參加者是否認為世界是美好的，整體來說認為這個世界**安全、迷人且充滿活力**。

各位對此有什麼想法呢？是否能夠認為世界安全、優良且美麗呢？是否認為自己身旁的事物格外美好呢？能夠以正面態度看待這個世界時，也就等於標題所說的「接納這個世界」。接納這個世界時，自然也會期望世界變得更好，並且積極參與其中。

史丹佛大學（Stanford University）卡蘿・杜維克（Carol Dweck）教授所提倡的「心態（Mindset）」，聚焦於「思考自己能為世界做出什麼貢獻的信念」，但是這個信念是相當多變的，並無特定型態。

賓州大學的傑瑞米・克里夫頓（Jeremy D. W. Clifton）將其稱為「看待世界的濾鏡」。政治信念或許是一種意識形態，會在討論中不斷產生變化，**但是對這個世界的信念卻是當事人不會意識到的信念，所以會在精神方面的體驗以及與他人的接觸中產生變化，而不是**

透過邏輯思考或討論改變，此外也會受到「天空很藍」這種**感官經驗影響**。

克里夫頓提出了幫助人們接納世界的介入法，那是一種體驗型的教育方法，用來改變人們的世界觀，並且為參與世界賦予動機。

克里夫頓所提出的「葉片體驗」如下：

1 前往公園或森林，取一片葉子仔細觀察，並感受葉片之美。
2 取另一片葉子與並比較兩者。感受兩片葉子的美感，並且注意到這兩片葉子擁有不一樣的特徵，延伸出各自的美感。
3 接著觀察樹木。樹上的每一片葉子，都與手上的葉子一樣，各有不同的特徵與美感。
4 觀察四周，感受自己受到這麼多樹木，以及其葉片所環繞的舒適感。
5 試著想像從西伯利亞到亞馬遜之間，有多少種不同的葉片（假設有六萬種&三兆棵以上的樹木）。

6 接著想像曾經存在過的葉片，以及未來將誕生的葉片。

7 最後再自問：「這個世界到底是什麼樣的地方？」

試著實踐這個課題後，或許就連日常生活中看見路樹時，也會不由自主留意上方的葉片。或許這會成為一個小小的契機，幫助自己接納這個世界，感受其美好之處。

第4章

人際關係

36 重視深度人際關係

社會關係深深影響著幸福生活，尤其是良好的親密關係，更是支撐著幸福的重要力量。親密關係會隨著人生階段產生變化。即使是對誰都能釋放善意的嬰兒，也會對母親展現特別燦爛的笑容，進入幼兒時期會重視與手足的關係，到了青春期時會變得更重視朋友。隨著長大成人，與伴侶的關係重要性就大幅提升。各種親密關係的比重也會隨著求職、轉換跑道、退休等工作方面的事件，又或者是結婚生子、離婚等婚姻或家庭方面的事件產生變化。而關係的變化也會受到生活習慣與文化影響，所以當然也得將其列入考慮。

接下來要介紹的研究，就聚焦於處於「成人形成期」的二十多歲成年人，探討親密的人際關係是否支撐著他們的幸福感。

這場研究的著眼點之一，就是這個階段會造成重大影響的親密關係中是否包含伴侶？大多數的研究都會將親密關係濃縮成特定的關係，但是這場研究同時評價各種親密關係。這麼做有助於分析不同親密關係之間的相互影響力，以及親密關係是否真的帶來幸福感。

研究團隊透過「只要和這個人同行，無論去哪裡都很開心」的問題，分別確認與母親、父親、摯友與伴侶之間的親密程度，又藉「是否曾對這個人感到火大？又或是曾引起對方的怒火？」確認關係的複雜程度。

此外也測量了積極、消極情緒與幸福感的程度，由於積極情緒的評價與幸福感的評價密不可分，因此這邊就以幸福感為例介紹研究結果。

結果發現參加者有著**與父母、摯友之間的關係愈好，幸福感愈高**的傾向，與**伴侶的關係良好時對幸福感的影響力，比其他關係還要高**。

與伴侶關係不睦或是單身時，與朋友之間的糾葛就成為降低幸福感的主因。但是值得玩味的是，與父親或母親的關係錯綜複雜時，對成人形成期的幸福感影響不大。

人際關係與幸福

與關係親密的人維持良好關係有助於提升幸福感

由於單身與否所測出的結果差距甚大，因此研究團隊又進一步依單身與否分組，再各自分析前述親密關係對幸福感是否有影響？影響程度如何？結果顯示**沒有伴侶的時候，對幸福感影響最深的是朋友，其次是與母親間的關係**，但是與父親之間的關係卻沒造成顯著影響。

有伴侶時，最能影響幸福感的是與伴侶、母親之間的關係，與父親的關係同樣沒有明顯影響力。

此外，與朋友間發生嚴重糾葛時，只要與伴侶維持良好關係，就不會影響到幸福感；但是與伴侶關係不睦時，即使與朋友關係良好，也難以挽救低下的幸福感，且不分男女都顯現這個傾向。

由於研究的調查對象是美國大學生，或許不能完全套用在我們身上，但是追求幸福生活就必須與親密的人們維持良好關係，這點是不會有錯的。而當孩子逐漸邁向獨立的路上，親子關係間多少會發生齟齬，透過研究確認這並不會影響到幸福感也令人安心許多。

有伴侶的人可以從中明白，伴侶對幸福的影響力是其他關係難以匹敵，所以花更多心思經營，使彼此關係更加親密充實是有價值的。為了獲得幸福，無論費多少心力都不足惜。

日本終生未婚率年年高漲，相信讀者當中有不少人沒有伴侶，這時親近的友人就顯得格外重要了。即使單身也可以**透過豐富的交友生活提升幸福感**。雖然找到伴侶後朋友對幸福感的影響就相對小，但是哪天與伴侶關係不順時，友誼便能為我們維持基本的幸福感。

而這裡有個很重要的關鍵，就是即使伴侶與朋友對幸福感的影響力隨著年齡增長而放大，與母親之間的關係仍具有一定程度的影響力，因為這是依附（Attachment）心理的基礎，而父親則能夠為我們與母親的關係有所貢獻。

也就是說，只要在日常生活中珍視重要他人們，自然能夠迎向幸福。

37 重視重要他人

研究幹勁與動機的領域中，有個相當知名的理論叫做自我決定論（Self-determination theory），是由羅徹斯特大學（University of Rochester）的愛德華・德西（Edward L. Deci）與理查德・萊恩（Richard Ryan）所提倡。

支撐自我決定論價值的心理因素，包括自己是否擁有決定權的「認知自主性（Perceived autonomy）」、行為結果能夠產生一定成果的「認知勝任感（Perceived competence）」與「認知關聯感（Perceived relatedness）」。

其中的**「認知關聯感」是指感受到自己受到重視的某人所支持**，而心理學將這樣的對象稱為「重要他人（Significant others）」。

這代表著**自己理解並重視對方，同時對方也理解並重視自己**，是一種很重要的相互關係。

密蘇里大學的謝爾頓教授針對「提升這三大要因是否有益於幸福感」加以探討。首先他將大學生分成四組，分別是「追求環境改善組」以及目標是提高這三大要因的「認知自主性組」、「認知勝任感組」與「認知關聯感組」。

接著請各組分別依目標自行設定要實踐的行動，但是並非「在什麼時候以前要完成什麼作業」這種課題式的行動，而是主動為自行決定的目標去努力。研究團隊希望學生能夠自動自發，並花了六個月調查這種做法對幸福感的影響力。

遺憾的是，研究報告並未介紹細部條件與個別行動，不過可想而知，如果是「認知關聯感組」，應該都是「要比現在更珍惜伴侶或朋友」。

結果發現**目標是提高「認知關聯感」的這組，幸福感都獲得提升**，且程度比「追求環境改善組」還要高，但是與「認知自主性組」差不多。

另一方面，「認知勝任感組」的幸福感提高程度就沒這麼明顯。

也就是說，生活時重視重要他人們時，對幸福感的影響力比致力於充實能力時還要大，且與努力提升自我決定權的人差不多。

由於其他研究也呈現出同樣的效果，因此從對幸福的貢獻程度來看，「認知勝任感」的效果並沒有原以為的那麼大，而「認知關聯感」則擁有超越「認知勝任感」的影響力。這裡最重要的就是**努力強化與重要他人的關係後，幸福感不僅高於原本的狀態，還能夠維持很長一段時間**。

提升與重要他人的「認知關聯感」之後再加以追蹤，可發現兩個月後仍維持紮實的效果，並且一路持續到六個月後，據信後續也仍可繼續維持。

這場研究還發現了另一件有趣的事情。

研究開始前測量了參加者「希望藉此提升多少幸福感」，結果發現期望值較高者的人幸福感提高程度，遠大於期望值沒這麼高的人。

反過來說，不怎麼期待藉由這件事情提高幸福感的人，就無法獲得顯著的效果。

努力珍惜某個人，確實具備幫助你更加幸福的效果。但是你並未試圖藉此提升幸福感的時候，效果就會有所減損。換句話說，想要變得幸福時就必須堅信自己「能夠變得幸福」，並努力透過「與重要他人建構堅定的關係」以提升幸福感。

你是否想要變得比現在更加幸福呢？

是的話，那麼是否試著更加珍惜你所重視的人們呢？如此一來，你和你所重視的人們，都會變得比以往更加幸福吧？

38 與重要他人共享時光

前項介紹的研究展示了提高與重要他人的認知關聯感，有助於提高幸福感並長期維持，但是報告中並未詳細說明參加者在這段期間過著什麼樣的生活。

因此這邊想進一步介紹的是，提出該報告的謝爾頓教授與羅徹斯特大學理查德・萊恩團隊合作的研究，主題是「生活方式對於與重要他人的認知關聯感之提升有什麼樣的關係」。具備高度幸福感的人通常與重要他人關係良好，或者是與重要他人關係良好的人通常幸福感較高，都是眾所皆知的事實。在研究這些幸福者的特徵時，也發現結果會受到性格等個人因素影響。而謝爾頓教授等人所做的這場研究，調查這些人過著什麼樣的生活？他們的行為對認知關聯感造成什麼樣的影響？因此我們將可透過這場研究得知，想要提升與重

提高認知關聯感的各種方法

要他人的關係性以強化幸福感時，該怎麼調整自己的日常生活才會有效。

謝爾頓教授這次研究的時間較短，僅為期兩週。他們調查這段期間內參加者的日常生活經驗，以及該經驗對其與重要他人之間的關係變化。

結果發現最有助於提升認知關係性的，是**認為受到理解或感謝的經驗**，第二有效的則是**談及重要事件的經驗**。

另一方面，**快樂或有趣的事件**與**和重要他人共度時光**這兩種經驗，同樣有助於加深彼此間的關係。所謂的共度時光或許不需要什麼特殊目的，也能夠收穫不錯的效果。

相較之下，和重要他人一起進行某種課題或是參與特定活動則看不見效果。**雖然單純待在一起會對彼此關係帶來正面影響，但是抱持著特定目的時，似乎就無法加深彼此羈絆**。

此外相當神奇的是，和重要他人吵架或爭論並不會對彼此關係造成影響，當然也會有人因此漸行漸遠，但是適度講開的話反而有助於強化關係。

各位覺得如何呢？這或許不是什麼特別的祕訣，但是有明確證據就能夠更認同這些做法吧。如果想提高與重要他人之間的認知關聯感，並藉此獲得幸福的話就請嘗試下列作法。

首先**請先與重視的人共享時光，沒有任何目的也無妨**。但是為了避免大眼瞪小眼，或許還是有點目的比較好吧？以個人的經驗來說，男性比女性更重視相處的目的。

但是都已經安排待在一起的時間了，過度重視目的的話可能會把專注力都放在目的上，結果浪費了強化關係的好機會。日常生活中與重要他人的相處，總是不由自主帶有工作或課題等某種目的，相當常見的狀況就是一起去購物吧？但是即使同樣是「共享時光」，這種帶有某種目的從事活動的狀況，與因為珍惜對方而相處是不同的。

如果是為了採買給對方的禮物當然另當別論，但是單純的日常購物，僅談論哪種蔬菜或是魚比較新鮮，缺乏更心靈層面的交流，是無法加深彼此的關係的。

排除生活必要或非目標性的共享時光非常重要，若能進一步連結愉快的經驗又更棒了。像散步就屬於這種單純的共享時光，途中可能發現轉角那棟房子的庭園有美麗的花盛開，自然體驗到這段時光的樂趣。共享時光與經驗雖然能維持關係，但僅止於此是不夠的。

和經常共處的重要他人互相理解尤其重要。

相信共享時光自然會產生有意義的對話吧？這裡指的意義是對日常生活有意義，而不是什麼人生大清算這麼重大的對話。當然，或許也能夠從日常對話中感受到共同價值觀吧。

這場研究專注於日常生活中的重要他人，因此許多參加者提供的多半是與伴侶的經驗。儘管研究中並未提及，在沒有伴侶的情況下，想必也有父母或是朋友等重要的對象吧？這種情況亦適用前述的介紹。**互相表達感謝與互相感謝，都有助於加深彼此的羈絆。**

珍惜共享的時光，是珍惜你所重視的人時最基本的一步。

39 把錢用在他人身上而非自己

加拿大的英屬哥倫比亞大學（The University of British Columbia）的伊莉莎白・鄧恩（Elizabeth Dunn）教授研究發現**「把錢用在他人身上有助於提升幸福」**，並獲得堪稱最高等學術雜誌的《科學》的刊登。

究竟金錢是否與人生幸福有關呢？這是相當哲學的問題，甚至可以延伸至人類究竟應以什麼樣的方式生存這個人生的根本問題。

深入思考這類哲學問題或許相當重要，而我本人是不會僅止於思考，還會加以調查以找到答案的類型，相信很多人也是如此吧，所以世界上有許多探討金錢與幸福的研究。透過這些研究可以得知的，是有錢的人明顯具備「基本的幸福」。

至少連下一餐在哪裡都不知道的人，很難感受到幸福是不會錯的吧？但是在能夠維持一定生活水準的情況下，還想要變得更幸福時，**金錢的用途**就至關緊要。

鄧恩一開始的研究對象是美國人，她先調查參加者的個人支出總額、購買禮物或捐贈所花費的總額，再研究這些金額對幸福度造成了什麼樣的影響。結果發現個人支出總額對幸福度毫無影響力，但是**購買禮物與捐贈的金額，則與幸福度的高低有關**。

這並不代表兩者之間真的有因果關係，但是**展現了相當大的可能性，是將金錢用在他人身上後會得到幸福感**。因此鄧恩又進一步調查當人們獲得意外收入時，用在自己身上與用在他人身上時，幸福度與得到這筆意外收入前有什麼不同。

這種做法可以排除「本身愈幸福的人愈容易將錢用在他人身上」這個因素的影響，有助於更明確得知金錢用在不同對象時的幸福度變化。那麼調查結果如何呢？

結果發現原先的幸福感、收入與意外收入的金額，都對後續的幸福度毫無影響，但是是否將意外收入**用在自己以外的人身上**時，卻會對幸福度產生影響。

讓人更幸福的用錢法

接著正式進入實驗階段。首先請參加者自我評價幸福度後，團隊便交給對方裝有五美元或二十美元的紙袋，並請對方在下午五點之前用完。

接著再以隨機分組的方式，請一半的參加者將其用在自己以外的人身上（購買禮物或是捐贈等），再請另一半參加者將錢用在自己身上。

等參加者都把錢用完之後，再請他們自我評價幸福感，藉此調查花錢前後的幸福感變化。

結果發現將這筆錢用在他人身上時，幸福感提高的程度優於用在自己身上時，此外金額的差異則不影響幸福感。

透過一連串的研究可以確認，刻意將錢用在他人身上時確實與幸福感之間有著因果關係。

此外以參加者本身的收入來說，透過這場研究用在他人身上的金額並不算多。最值得玩味的是團隊又找來另外一組人，提出「得到五美元與二十美元時，且可以自由選擇用在自己或他人的情況下，認為什麼樣的用法有助於提升幸福感」的問題時，大多數的人們幾乎都表示「要將較大的金額用在自己身上」。

也就是說，**很少人認為把錢用在他人身上會感到幸福，但是從結果來看，將錢用在他人身上時確實會更加幸福**。

各位都把錢用在誰身上呢？

由於日本人比較少參與國際捐獻，再加上日本人平均來說感到幸福的人沒那麼多，因此搭配這個研究來看，或許兩者之間真有什麼關聯性也不一定。

一想到要把錢用在他人身上，或許會產生犧牲自我，奉獻自己成果的生活，但是其實只要在他人身上花費五美元就有助於提升幸福感，各位不妨從小額開始嘗試也不錯。

40 心情好時就對他人好

已經有許多研究證明，**協助他人、對他人釋放善意有助於提升自身幸福感**。即使釋放善意的初衷是研究團隊交代的課題，釋放善意這件事情仍舊有助於提高幸福感。

那麼在一般生活中，通常會是在什麼情況下決定對他人釋放善意或是提供協助呢？

其實這與人們的天性有關，但是這麼一來，性格不是如此的人就會很難藉此邁向幸福。

幸好有一部分的情況則是心情好的人，比心情普通的人還要輕易地對他人伸出援手。

那麼心情普通的我們該怎麼做才好呢？

透過至今的研究中可以確認，即使只是得到糖果這種小小的禮物，人們也會因為感受到善意而心情變得積極，而且即使天性沒有那麼樂觀，**只要情緒能夠短暫地變佳，就比較容**

易做出善行。

此外，**做出的善行是必須付出勞力的情況，也就是說提供的支援是比較辛苦的情況，帶來的幸福感會更高**。

柳波莫斯基研究室就調查過積極情緒與善行之間的關係。他們以大學生為對象，將參加者隨機分成五組，並將下列五種課題分配給這五組參加者，執行時間都是八分鐘。

①寫一封感謝信給父母或老師（感謝條件）

②寫一封感謝信給特定的事件（特殊感謝條件）

③想像未來最理想的自己並寫下來（樂觀條件）

④寫出非常正向的經驗（喜悅條件）

⑤寫出上週發生的事情（對照條件）

此外不管是哪一組參加者，都會在第二週接獲必須釋放善意的指示，善行的內容則可自由決定。

想藉積極情緒帶來長久的幸福感時

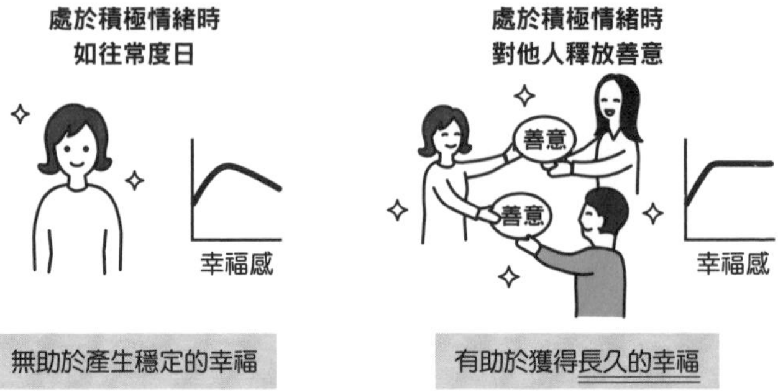

接著來揭曉結果吧。

首先，相較於「寫出上週發生的事情」這一組，其他四組參加者透過課題獲得積極情緒後，都主動做出更需要花費勞力的善行。也就是說，這四種課題**都有助於引發積極情緒，並藉此提高善行的程度**。

透過研究可以確認，能夠引發正面情緒的行為，不僅會使人更願意伸出援手或是採取更辛苦的善行，後續的幸福度也會受到付出的勞力程度影響。

結論就是**單純產生積極情緒或是心情好，都無助於帶來穩定的幸福感**。但是**因為前述狀態而對他

人釋放善意，藉此體驗到強化社會性羈絆的經驗，就有助於獲得幸福的人生。

在生活中覺得幸運並產生愉悅情緒時，當下的心理狀態當然是相當良好的，但是停在這一步的話就無法獲得長久穩定的幸福。之後沒有新的好事發生，或是哪天發生壞事的時候，情緒狀態就會立即受到影響。

想要讓偶然的愉悅心情帶來長久穩定的幸福時，就必須經歷協助他人，並藉此構築良好社會關係的過程。

首先請幫助自己找到生活中的好事吧，像是天氣很好、上班途中看見美麗的花等，只要是能夠讓心情變好的事情都可以，因為契機是很重要的。

接著再順應愉悅的心情做出帶有善意的社交行為吧，例如在車站看見困擾的人時主動上前搭話。只要試著留意環境，相信幫助他人的機會並不罕見。

或者是說看到美麗的花朵盛開時，就將這份美好的心情分享給他人吧。拍張照傳給他人也是一種帶有善意的社交行為，請各位先從自己能力所及的範圍開始嘗試吧。

41 展現真自我

各位是否有即使多年不見，也很清楚彼此近況的朋友呢？網路與社群網站已經大幅改變了「朋友」與「交情」的概念。

以前的日本經常有所謂「僅止於寄送賀年卡的交情」，但是現代社會只要透過網路確認資訊，就能夠清楚知道彼此最近在做什麼。

那麼我們到底該透過網路呈現什麼樣的自己呢？呈現的模樣又與幸福有什麼關聯性呢？

這裡要介紹針對社群網站往來的研究。這是俄亥俄州的肯特大學（University of Kent）金正賢（Junghyung Kim）所做的研究，他是媒體研究專家，目前正在韓國的大學服務。

這場研究以使用臉書的大學生為對象，調查臉書上的「朋友」數量與展現出的一面，會對主觀幸福感造成什麼樣的影響。

為了精準確認朋友的數量，金正賢是請其他人檢視參加者的臉書頁面後提供數字。這場研究的參加者朋友數量平均為四百二十八人，可以說是相當多。這個數字似乎也比一般日本人多上許多，不過這方面可能有受到用法與思維差異的影響。

此外金正賢也詢問參加者透過臉書展現出的模樣是**積極的一面**還是**真實的一面**。回答積極的一面時，就會提出「我只上傳看起來很幸福的照片」、「我在述說自己的狀況時會避開壞事」等自我評價項目；回答真實的一面時，則會提出「我願意展現出自己的負面情緒——不安、憤怒與悲傷」、「我在述說自己的狀況時，就連壞事也會毫不在意地寫出來」等項目。另外測量了主觀幸福感，以及自認為親友提供了多少社會性支援。

獲得這些資料後，就開始分析主觀幸福感與朋友數量、展現自我的方式之間有什麼樣的關聯性。結果發現朋友數量多確實有助於提高幸福感，不過如前所述，很多人都只是因為一些小事就互加好友，而這些人的幸福感或許也都比較高。

兩種社群網站上的自我表現

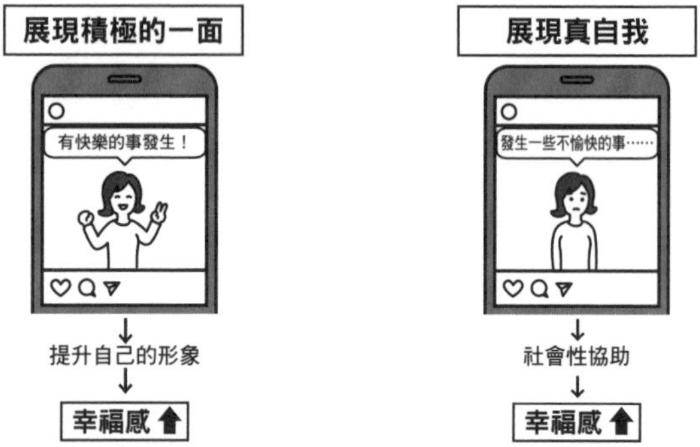

而在展現出的模樣這一環節，則可看出兩種表現方式會造成不同的影響，雖然**努力表現出積極面的傾向較強時有助於提升幸福感**，但是老實說自我表現的方式無法直接對幸福感產生影響。

表現出真自我的時候，當然連消極的一面都會坦然揭露，若是能夠藉此獲得社會性支援的話，幸福感也會油然而生。

也就是說，雖然從結果來看，表現出真自我時會間接影響到幸福感，但是中間必須經過「臉書朋友提供社會性支援」這個過程。

各位是否是社群網站上朋友比身邊朋友還多的人呢？而自己是僅展現積極的一面，還是連壞事與消極情緒都毫不保留地攤開來呢？

僅表現出積極面之所以能夠提升幸福感，據推測是因為這麼做有助於提升形象，增加自我價值。

然而積極的形象不過就是形象而已，換句話說，這或許只是一種「積極的假象」。現實生活中的自己肯定會遇到壞事與消極情緒，這時必須靠自己去調節內在的積極與消極才行。

這場研究並未調查展現真自我時是否有助於增加朋友數量，但是可以想見的是表現積極面的人通常會有比較多朋友。但是並非朋友數量多，願意提供社會性支援的人就多。

至於連消極情緒都會表現出來的人，所獲得的回饋會隨著實際表現出的情緒種類而異，但是只要願意表現出內心的不安，就有機會遇到願意伸出援手的人。

雖然展現真自我的人必須獲得他人的協助，才能夠藉此獲得幸福感。**但是坦白說出自己擔心的事情或是需要的協助（負面事件）時，就有更多的機會能夠獲得意料之外的協助，如此一來當然就可能感到更加幸福。**

42 表現出感謝

前面有介紹過，懷抱感謝之情有助於提升幸福感。

正向心理學創立者塞利格曼設計的課題中，有一項是直接將寫好的感謝信交給對方以實際表達謝意。既然是堪稱再造恩人的對象，自然有表達感謝的價值。

舉例來說，自己就是因為遇見某位老師，才能夠獲得現在的人生時，就不要只是久違地踏進學校向老師打聲招呼，多聊點這些年的事情並藉此獲得進一步的鼓勵時，肯定會變成更值得銘記在心的回憶吧。

不過日常生活中難免會覺得當面道謝令人害羞，我自己也對此感到卻步，即使有機會言謝仍經常錯失。

輕鬆表達出謝意吧

無論是當面還是使用電子郵件，致謝都能夠提升幸福感

此外感謝也有等級之分，連小事帶來的謝意也特地去找對方道謝時，對方說不定也不知道該怎麼辦才好。

密蘇里大學謝爾頓教授藉由模擬實驗，請參加者想像「當面道謝」與「電子郵件道謝」這兩種情境，再比較兩者造成的影響。

首先可以確認，**當面道謝能夠帶來紮實的積極情緒**。但是必須去見對方這件事情，同時也會引發消極情緒。由此可知任誰聽到要當面道謝，都會感到有些遲疑。

另一方面，**用電子郵件道謝時，可以獲得與當面感謝差不多的幸福效果**，而且電子郵件不像當面那麼令人退卻或害羞，所以並未顯現出負面的效果。

這個研究是以美國與台灣大學生為對象，但是兩者的結果卻有些許差異。

相信很多日本人也深有同感——台灣大學生對當面道謝產生的消極情緒比美國大學生還要強烈，害羞的程度也高上許多。當然，美國大學生聽到當面道謝時也會有點害羞，但是相較之下，台灣大學生的害羞程度強烈許多，致謝的難度對他們來說相當高。

我認為日本人的狀況應該比較類似台灣人，當然每個國家都有形形色色的人，但還是有個基準，譬如說看到澳洲人中較容易害羞的人時，一般會認為文化差異大於民族差異。

或許有讀者是（以日本人來說）完全不怕當面對話的人，所以總是能夠當面道謝，這樣的人很有可能已經從中獲得許多幸福感。另一方面，不管容易害羞的程度與一般人相當還是更勝一般人，且只要被他人盯著瞧就忍不住臉紅時，看到下列研究結果或許會鬆一口氣。

謝爾頓教授後續的研究中，將學生隨機分成「當面道謝組」與「電子郵件道謝組」，並分析了道謝前後的變化。

結果發現**不管是哪一種道謝法，都能夠透過表現出謝意而提升幸福感**。台灣的學生在道謝之前的幸福感程度較低，結果反而看見更顯著的道謝效果，而且效果也不受道謝的方式影響。

因此謝爾頓教授判斷，感謝他人或是受到他人感謝時，不需要做出擁抱等行為，只要發一封感謝的電子郵件即可獲得充分的幸福感，所以建議人們能夠放心地寄送電子郵件。

我們平常很少擁抱他人，所以對謝爾頓教授的比喻或許缺乏共鳴，但是至少可以確認不必特地去見上一面，只要用電子郵件致謝就能夠獲得益處。既然如此，各位是否要試著用符合自己性格的方式致謝呢？

事實上，這場研究除了當面與電子郵件這兩個方式外，還探討了致電道謝這個方法。結果以整體研究來說，正好落在當面與電子郵件之間，所以或許也可以考慮採用這種方法。

無論是哪一種方法，**實際表達出謝意對自己以及被感謝的人來說，都有助於提高幸福感**。所以就算是不足掛齒的小事，也建議各位至少用電子郵件道聲謝。

43 留意他人的貼心

近來或許比較少公開活動，不過其實有個名叫「小小善行運動」的活動。這是受到東京大學校長在畢業典禮的賀詞影響，進而展開的運動。

雖然不曉得平常完全不釋放善意的人，能夠透過「小小善行運動」做出多少善行，不過至少這場「運動」能夠促進人們釋放善意的意願。

事實上，釋放善意、接收善意、親眼見證他人的善意，或是意識到某人的貼心都具有相當大的功用。

英國牛津大學（University of Oxford）有場研究以六百八十三位自願的成年人為對象，將他們隨機分成四組，交派不同課題後請他們實踐一週，藉此驗證善行對幸福感的影響。

意識到他人的貼心

即使遇自己無關，只要發現他人的貼心舉止，就足以提升幸福感

第一個條件是「對熟人做出貼心舉止」、第二個是「對不熟的人做出貼心舉止」、第三個是「留意他人對自己做出的貼心舉止」、第四個則是「觀察他人的貼心舉止」，且一天都要實踐一次以上。

結果獲得什麼樣的結果呢？

沒想到這四種與貼心舉止有關的行為，都讓參加者獲得了比實踐前更高的幸福感。且無論做出貼心舉止的對象是否為熟人，獲得的效果都看不出差異。也就是說，貼心舉止本身就足以提高幸福感，與後續是否能夠獲得回報無關。

畢竟貼心舉止本來就屬於小事，不太需要他人刻意回報。

這裡想請各位留意的，是研究發現**光是觀察他人的貼心舉止，也能夠獲得相同的幸福感提升效果**。

他人對自己做出貼心舉止時，因為會獲得實質上的好處，幸福感會提高也很正常。

但是與自己無關的某個人，對其他人做出的貼心舉止，不會為自己帶來任何好處，卻仍可提升幸福感。其實這與好處無關，單純是覺得感動罷了。正因與自己毫無關係，才能夠毫無顧忌地享受那份溫暖的心意。

肯定有人未曾留意過他人的貼心舉止吧？就算有人從未見過這種暖心場景也不奇怪。

各位是否曾見證過他人對自己以外的某個誰做出貼心舉止呢？

這時會有什麼感受呢？會不會覺得「很棒耶」？如果會浮現這類感想的話，那麼即使該貼心舉止與你無關，幸福感或許也已經獲得了實質提升。

我個人就很常撞見這類溫暖的場景，而這對我來說簡直就像人生的養分。

有些人非常不擅長做出貼心舉止，不過個人認為其實所謂的貼心舉止，不需要太過努力也無妨。光是看到有兒童的帽子掉在地上，撿起來掛在路邊護欄上以避免被自行車輾過，也是一種貼心舉止不是嗎？

或許做出貼心舉止的機會不多，至少看到有帽子掛在路邊護欄時，就可以聯想到這是某個人做出的貼心舉止，這種機會就多上許多了對吧？

光是留意他人的善意，想起世界上有這麼貼心的人存在，就能夠獲得與親自貼心待人相同的幸福感。

下次在電車上時，看到無視車上人潮而繼續把大背包背在後方，不斷推擠到其他乘客的人時，若覺得火大：「真是不懂禮貌！」就試著這樣想吧。

首先請秉持著對他人的貼心，把後背包抱在身前，告訴自己：「我是一個貼心的人。」之後看到將背包抱在胸前以避免妨礙到他人的乘客時，就等同於觀察到他人的貼心舉止，自然會興起「這個人真貼心」的念頭。

像這樣留意他人的貼心，並計算自己見證過多少暖心場景，理應能夠感到幸福才對。

第5章

娛樂、興趣

44 品味不起眼的喜悅與樂趣

你是否在日常生活中體驗過小小的喜悅或快樂等積極情緒呢？

有場研究就探討了積極情緒高漲時，感受到的人生意義是否會跟著提高。這裡首先運用情感操控的手法，用「在公園裡保護了遭遇危險的迷路兒童，結果被兒童雙親視為英雄道謝的故事」引導出積極情緒，用「為了趕赴公司行程而闖黃燈，結果造成嬰兒身亡的車禍故事」帶出消極情緒。

這場研究發現人們處於積極情緒時，感受到的人生意義較高。但是個人推測，人們對人生意義的感受也會受到觀看的故事內容影響才對。

為了獲得更明確的結果以便分析，又有一場研究探討了積極情緒對人生意義的影響。這場研究又增加了另一個要素「認為未來剩下的時間」，探討其與人生意義的關係。研究中在紙上繪製一條橫線，代表著人生的起始與完結，並請參加者標出「認為自己現在在橫線的哪個位置」，藉此測量「認為未來剩下的時間」。此外也測量了積極情緒與人生意義。

透過研究結果發現，**認為未來所剩人生較短的人，在產生積極情緒的時候，會給予人生意義更高的評價**。

後來又有研究讓這類人閱讀刊登在報紙上的漫畫（或是不怎麼有趣的刺激），結果閱讀漫畫同樣提升了積極情緒。團隊比照前述研究，同樣請參加者在代表人生的直線上做記號，再測量他們產生積極情緒時是如何感受人生意義。

結果**認為自己的人生有限，剩下的時間很短時，即使積極情緒是由閱讀漫畫這點小事所引發的，同樣能夠提高感受到的人生意義**，另一方面，認為人生還很長的人就絲毫看不出這樣的效果。由此可知，即使不是第一場研究那種大喜大悲，**只是漫畫程度的趣味性所引**

出的積極情緒同樣有效。

我自己光是一早看到晴空萬里無雲，是個舒適的早晨而非陰沉沉的，就會產生非常積極的情緒。儘管毫無根據，還是會覺得今天的行程也是讓自己人生更充實的一步。相反的，如果從電視看到讓人心情好不了的壞消息，就會無法產生今天也要好好加油的幹勁。

這裡要提供一個建議，那就是在理解人生有限的同時，也要**重視日常生活中能夠帶來小小積極情緒的事情**。

即使自己沒有注意到，但積極情緒仍然具有影響力，或許正因沒有注意到反而更能發揮影響力。遇到瓶頸覺得不順利時，或許會覺得很難產生積極情緒吧？但會不會就是因為沒有積極情緒，才會遇到瓶頸呢？所以這時應更重視積極情緒才行。

但是請注意這與喧鬧或豪飲不同。內心飽含著負能量的情緒時，透過強烈表達法宣洩出來，就可以獲得除魔般的效果——這已經是過時的觀念了。

只要珍惜閱讀漫畫輕聲笑出、看著動物影片忍不住露出微笑等**日常中一點一滴的積極情**

珍惜細微的積極情緒

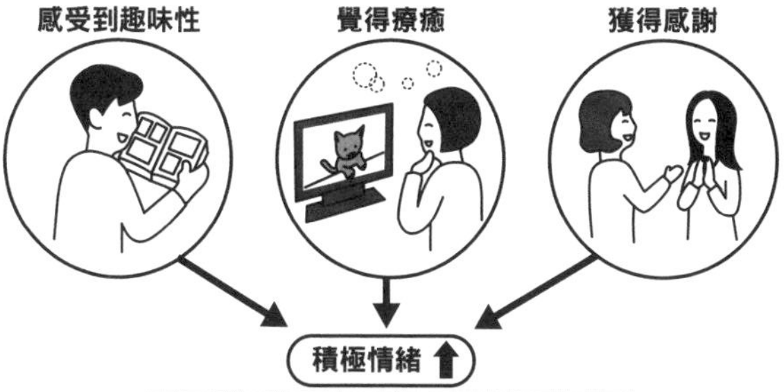

產生積極情緒時容易感受到人生意義

緒，就能夠打造出正向的心態，頭腦思緒變得靈活，對人生意義也有更豐富的想法。

當然，若能夠透過本身就攸關人生意義的經驗獲得積極情緒，效果肯定最為強大吧？試著回想自己是否有獲得誰的感謝吧，若能因此自然產生積極情緒的話就再好不過了。

哪天如果獲得這方面的新經驗，也試著為自己準備一些有助於想起這件事情的方法或線索，必要時就可以藉此喚起積極情緒了。

我個人認為在獲得相關經驗時聆聽特定音樂，後續聽到特定音樂就能夠想起這些事情，各位有什麼私藏訣竅嗎？

45 欣賞電影

電影同樣能夠透過適度選擇方法與品味方法，帶來提升幸福感的可能性。

電影可以說是美國文化的象徵。打造極度逼真的攝影棚拍攝，並在殺青後開放民眾參觀攝影棚的觀光行程，可以說是環球影城這個主題樂園的起源。整個娛樂產業正是投注如此龐大的資金而成。

電影內容五花八門，當然未必都與正向心理學有關，辛辛那提ＶＩＡ研究所的心理學家萊恩・涅梅茲（Ryan M. Niemiec）出版了一本書籍，探討了透過電影獲得幸福的各種方法、知識與人類的強大。

涅梅茲外表看起來還很年輕，但是他所介紹的電影也包括一些歷史悠久的經典名作，包括《十二怒漢》、《阿拉伯的勞倫斯》與《後窗》等。

此外還有《我的左腳》、《似曾相識》、《阿甘正傳》與《今天暫時停止》等，不過這些我都頂多聽過片名而已，覺得作者推薦的片單真是冷門。

至於二〇〇〇年後的電影，涅梅茲提到了《拼出新世界》，這是主角努力要贏得拼字大賽的故事，是有助於理解智慧與上進心的優秀故事，涅梅茲認為其可以教會我們「人類是很強大的」。

此外《超速先生》是紐西蘭機車迷到美國挑戰道路賽車的故事，適合用來學習勇氣與熱情；《波希米亞狂想曲》是皇后合唱團主唱佛萊迪・墨裘瑞的故事，不過很適合用來學習人性與深思熟慮。

各位都看什麼樣的電影呢？

以二〇二一年來說，應該是日本史上最高票房收入的《鬼滅之刃》劇場版吧？或許有很多正在閱讀本書的讀者，都從中感受到人類的可靠、可能性與強大。

珍惜細微的積極情緒

電影＝了解人類能力的工具

透過電影獲得的體悟，或許會在將來的某一天必須發揮實力時，成為一種助燃劑。如此一來，就成了提升幸福感的助力了吧。

涅梅茲選片是以能夠習得變得幸福快樂與人性強大之處為基準，但並不是所有電影主旨都是如此，所以當然不是所有電影都能夠帶來幸福。

涅梅茲等人認為電影是**了解人類能力的工具**。即使一樣是看電影，看什麼樣的電影？看的人從電影中獲得什麼樣的體會和感悟？都會造成不同的影響力。

這本書所引用的研究中，包括了學校用電影當教材提升責任感、養老院舉辦電影講座以提升幸福感等報告，但是這些研究都還在嘗試階段而已。

也就是說，藉電影提升幸福感的研究，還沒有進展到可以證實真的有效的程度。但是若各位看完電影後確實覺得更幸福了，或許是因為你**透過電影習得了與生存之道有關的新知識與技能**。

隨著生存之道的更新，世界肯定也變得前所未有地開闊吧？雖然實際效果依電影而異，不過或許有些重要的事物早就明白只是不小心忘記了，也可以透過電影想起。

相較於獲得新的想法，重新確認自己原本的生存之道，或許更有助於帶來幸福。

46 享受休閒時光

眾所周知，適度活動身體有助於維持健康，進而帶來長壽的效果。此外身體保持健康時，也會對連同心理狀態在內的幸福感等帶來良好的影響。

因此據信**能夠在大自然中活動身體，並與許多人強化社交關係的休閒活動，至少能夠間接帶來幸福感**。

亞利桑那州立大學（Arizona State University）的艾莉森・羅斯（Allison Ross）博士等人，透過電話訪談調查了下列七種行為，以及其幸福感、身體健康狀況、身體活動與目的。

（a）為運動而走路

（b）為娛樂或休閒而走路

休閒與幸福的關係

休閒會透過健康與社交帶來幸福

（c）為了前往附近場所（公園等）而走路
（d）為了前往左鄰右舍家而走路
（e）健行、慢跑
（f）騎自行車
（g）參加運動等活動

為休閒而做的身體活動，在評價時會排除為了辦事而活動到身體的部分。

這場研究要確認的是在休閒活動中運動身體，會對健康造成什麼影響？並透過健康隊幸福造成什麼影響？以及在休閒活動中運動身體，會對幸福造成的直接影響。

結果發現**在休閒活動中運動身體，確實會影響健**

康，並且透過健康會間接影響幸福感。

雖然社交活動也屬於休閒活動之一，但是這場研究排除了其與休閒活動以外的身體活動，分析條件非常簡單。個人推測若是連同社交方面的休閒活動都納入調查，其對幸福感的影響應該更高才對。

我們的身體是受到呼吸等各式各樣的作用所支撐，有研究發現**對這些生理作用抱持感謝之意的人，幸福感也會比較高**。休閒活動過程中的運動，正是幫助我們實際感受到這些生理作用的良好機會。

各位平常都從事什麼樣的休閒活動呢？

這裡介紹的研究，僅探討了休閒活動中運動身體帶來的效果，不過**品味自然也有助於提升幸福感**。如果在休閒活動的過程中，具有充足的時間能夠品味並親近大自然，或許也能夠從這個角度提升幸福感。

聽說近來流行獨自去露營，如果過程中會大量活動身體時，那麼或許就能夠獲得這場研究所介紹的效果——透過健康獲得幸福感。或者是在憑藉自己的力量面對大自然時，發現自己在自然中也具有確實的生存能力時，可以培養出自我效力感。

單人露營會比和他人一起團體露營時，還要能夠盡情「品味」露營過程，有時或許有機會讓人生更加充實。

另一方面，和親朋好友共度休閒時光，雖然無法盡情親近大自然，也較難培養自己的能力，但是在與日常不同的環境中，與親近的人共享時光也具備相當特別的價值，這樣的休閒活動當然有助於提升幸福感。

葡萄牙米尼奧大學（Universidade do Minho）的泰瑞莎・弗雷勒（Teresa Freire），著有《正向・休閒的科學》（*Positive Leisure*，施普林格出版社），從正向心理學的角度展開許多與休閒有關的研究。

各位不妨也用適合自己的方法，盡情享受不同情況下意義各不相同的充實休閒時光吧。

47 從事動態式休閒活動

以心流研究聞名的克萊蒙研究大學心理學家米哈里・奇克森特米海伊，用「經驗取樣法（參照六十七頁）」調查人們在接收到訊號時都在從事什麼樣的活動？當下的幸福感與心流狀態又是如何？

這個方法能夠得知人們有過什麼樣的經驗。首先想介紹以國中小學生為對象調查時所得到的結果。

在確認哪些活動帶來的幸福感會高於或低於平均時，發現會造成幸福感降低的是無預告的作業、數學與上課等，但是**與朋友聊天**等伴隨某種樂趣或是**動態式休閒（又稱主動式休閒）活動**時，幸福感就會變高。

靜態式休閒與動態式休閒

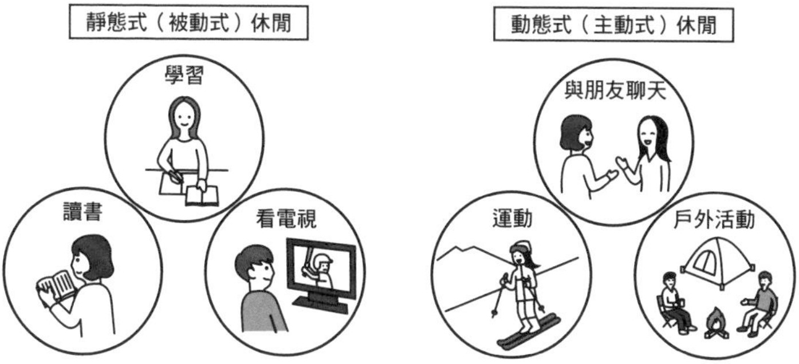

這番結果中看起來較奇特的，是屬於**靜態式休閒（被動式休閒）活動的閱讀、看電視卻不會帶來幸福感**，儘管這些事情多少也能帶來樂趣，卻無助於提高幸福感。

於是米哈里教授進一步分析個人之間的差異，但是並非做什麼活動會感到幸福，而是從事哪些活動的人處於幸福狀態。

其中數學與寫作業等讀書方面的活動，別說完全無助於提高幸福感了，甚至還會反過來降低幸福感，然而綜觀整體學校活動，卻具有提升學生幸福感的效果。由此可以推論出，學校帶來的社會生活具有提高幸福感的效果。

此外**動態活動又比放鬆型的活動更能夠提高幸福感**，且**心流經驗同樣也能夠提升幸福感**。

有研究團隊也在韓國的冬季度假勝地，調查了心流與幸福感之間的關係。

這是美國佛羅里達州立大學（Florida State University）與韓國延世大學的研究團隊聯手進行，探討一般滑雪與單板滑雪的人們在活動時的心流經驗、活動的滿足感與幸福感。

畢竟是冬季的度假勝地，所以接受調查的人以二十至四十多歲的年輕人為主，且男性占了七成之多。由於遊客的停留時間約四、五天，所以大部分的訪談次數都在五次以內，其中有四十五％為滑雪、四十％為單板滑雪，剩下的則是兩種都玩的人。

這場研究比開頭米哈里教授的研究更細緻，不只會測量每次的經驗與評價，還會調查從事該動態活動時的心流程度、愉快程度、參與熱情、滿足感與幸福感。

結果發現**愉快程度會影響心流程度**，**心流程度則對滿足感與幸福感造成了強烈的影響**。

此外心流程度也會對參與熱情造成影響，參與熱情同樣會影響到滿足感與幸福感。

綜合來看，心流經驗能夠大幅提升滿足感與幸福感，因此從事容易帶來心流經驗的動態式休閒，才會有助於提高幸福感。

但是這場研究調查的是滑雪，人們會不斷挑戰自己的技術極限，較容易體驗到進步的滋味，或許也影響了調查結果。無論是一般滑雪還是單板滑雪，都不是與他人競爭的運動，而是觀摩他人後思考自己是否能做出相同表現，且立即就能夠確認自己的努力成果，當然對自己的進步也比較容易有實際體會。

各位平常會從事什麼樣的運動呢？慢跑或健行或許有益健康，但是開始前很少會設立這次要達成的目標，或是在完成後實際感受到哪裡進步了。

台灣的嘉義大學也做過與韓國很像的滑雪研究，只是這次的運動是衝浪，且研究結果同樣發現心流經驗會對幸福感造成很大的影響。

這些能夠帶來心流經驗的活動都伴隨著挑戰極限，或許會很累很辛苦，但是正因為具備這種性質才更能夠讓人充滿雀躍。想要在幾乎要忘記時間存在的雀躍中品味充實感與幸福感，那麼本書非常推薦動態式休閒活動。

48 親近大自然

英國的自然保護組織野生生物信託（The Wildlife Trusts）曾提供一種名為「三十天自然生活」的體驗方案。這是二〇一五年開始的活動，能夠幫助人們在一個月的日常生活中體驗到更多的大自然價值。內容主要分成下列四大部分：

①**發現**：抽空接觸大自然（例如賞蝶）

②**共享**：透過媒體分享自己的經驗與感想

③**執行**：實際做出珍惜大自然的行為（例如讓庭園的一部分維持自然面貌）

④**運用**：將大自然運用在藝術活動中

野生生物信託為此設計了活動手冊「Random Acts of Wildness」並公布在網路上，裡面

在生活中親近大自然

①發現	②共享	③執行	④運用
抽空接觸大自然	透過媒體分享自己的經驗與感想	實際做出珍惜大自然的行為	將大自然運用在藝術活動中

提議了三十種親近大自然的行動。

包括寫詩、製作地圖、撿垃圾、繪製自然風景、記錄大自然、想出與自然有關的謎題、用顯微鏡觀察後素描、吹葉笛、用視訊觀察野生動物、餵鳥、聆聽自然的聲響、野餐等活動。

這個活動也建議參加者透過網路介紹自己從事的活動，目前已經有相當多人使用「＃30 wildlife」這個標籤在社群網站上貼文（推特十萬篇、ＩＧ三萬篇、臉書一萬篇以上），二〇一六年的參加者也多達兩萬五千人。

二〇一七年，英國德比大學（University of Derby）的研究團隊就從五萬名使用者當中找出三百多名願意配合調查的人，分析這個活動對幸福感的影響。問卷本身是為幸福感等指標評分，設計偏少的題目讓參加者能夠輕易作答，並分別在參加前、參加後與數個月後這三個時間點調查。結果發現，人們參加後親近大自然、參與自然保護活動的次數比參加前還要多，可以確認活動成功實現目標，對人們的想法與行為產生影響。此外，不僅參加後的健康狀態與幸福感都提高了，在數個月後的追蹤調查也依然獲得相同的結果。

這場研究顯示了**受自然之美感動的感性經驗，對於幸福感的提升具有相當大的作用**。

各位日常中是否會接觸大自然呢？據說有六成的日本人都過著都市生活，但其實都市同樣能接觸到自然。大樓之間會有路樹，住宅區也有整頓得相當美麗的庭園對吧？

此外只要稍微前往郊區就能夠接觸到更豐富的大自然了。四季分明的日本在春秋兩個季節，能夠看見別具風情的景色，所以才產生了賞花與賞楓這兩個傳統文化。在賞楓或賞花時，若是一味地飲酒作樂或享受美食就太可惜了。此外也請各位別僅前往知名的賞櫻景點，多去各處走走，或許能夠在意想不到的地方，看見各式各樣的櫻花盛開。

英國擁有「英式庭園」這個傳統文化，而這場研究也稍微可窺見該文化的影響力。或許人們對自然的感受以及重視自然時所採取的行動，多少也會出現文化差異。

如同日本人會深受英式庭園感動，外國觀光客也會參觀日式庭園一樣，深受自然美景觸動的經驗並不分國籍。親近未經人手干預的大自然，或許才是最貼近心靈層面的經驗。

而這場活動提到的第一項課題為「寫詩」，這讓我想到了日本也有「俳句」這個傳統文化。俳句的必備條件之一就是「季節感的詞彙」，這種重視季節的風格為人們帶來「察覺自然之美」的機會，正符合前述研究所強調的重點。看到美麗的花而興起創作俳句的念頭時可不能不曉得這朵花叫什麼名字，或許很多人也從中意識到自己所知的花名真少，進而查詢更多花卉的資料，這正是幫助人們進一步親近大自然的重要因素。

活動手冊提議的三十種親近大自然行動，包括在戶外玩遊戲、閱讀自然相關書籍、在雨中跳舞等。請各位按照自己的興趣與身體狀況，多安排親近大自然的機會吧。個人相當推薦「感受陽光」這個活動，帶著清爽的心情感受朝陽，也能夠讓一日之始更加美好。

49 旅行

對很多住在日本的人來說，去泡溫泉是人生一大樂趣吧？

炎熱的盛夏去涼爽的長野或北海道旅行，在該地待上一陣子也可以說是種奢侈的享受。

個人有花粉症，所以希望每逢花粉的季節就能去沖繩，可惜目前還無法成行。

出門旅行不僅能夠像這樣帶來舒適，還能夠邂逅許多未知的事物，包括美食與景色等。

接觸方言與家鄉不同的異鄉人、不同年齡層的人，也不失為一種思考人生意義的機會，因此能夠讓人生更加充實。

旅行的過程中，能夠體驗到許多正向心理學所研究的主題，因此觀光學領域也納入了正向心理學的研究。

藉旅行讓自己更幸福

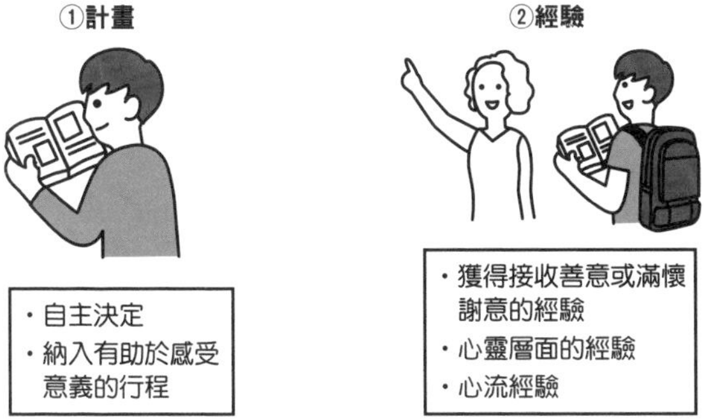

以心流研究聞名的米哈里教授出版了一本名為《正向觀光學》的書籍，這本書的共同作者之一賽巴斯蒂安・菲利浦（Sebastian Filep）即為紐西蘭奧塔哥大學（University of Otago）觀光學專家。這本書從正向心理學的角度，提出了藉由觀光增添幸福感的想法。

從正向心理學的角度來看，在規劃行程階段**增加自律性**，能夠藉由更內在性的因素帶來動機。

而規劃行程時不要僅聚焦於美食或美景等愉快的一面，納入一些文化遺產等地參觀行程，有助於**從感受到意義這個層面讓旅行更加充實**。

旅行過程中若能夠獲得**感謝、善意或心靈層面的**

體驗，或是**忘記時間存在的心流經驗**，將有助於提升幸福感。

心流經驗會在技能符合挑戰的等級時產生，在山林或海洋來場探險性質的旅行，有助於獲得充足的心流經驗。書中是以科科達小徑（Kokoda Track or Trail）的徒步旅行為例。對體力很好的人來說，這或許等同於爬上富士山之類的經驗。首先會有明確的目標（攻頂），過程中必須在避開危險的同時專注於每一步，因此會成為挑戰自我極限的經驗。此外走在人們相信有神靈存在的山中，心情上也會更加認真吧。

世界各地都有當地人視為神聖的山，造訪這些山或許也有相同的效果。現代人將這類景點稱為「能量景點」，若能進一步放任思緒徜徉其中，獲得的經驗將不再囿於感官層次。日本素來有「四國八十八處巡禮」這類文化，會走遍有特殊淵源的景點，雖然不見得都在山上，性質上仍與科科達小徑的徒步旅行相似。且這些行程不僅能夠豐富心靈，還會透過「當地人滿懷熱誠的接待」享用美景與美食，增加人與人之間的交流。

然而這種在旅行中融入正向心理學的觀點，引來了「過度輕視享樂這件事情」的批判。

確實，認為迪士尼樂園或環球影城有趣的人，比認為爬上富士山有趣的人還要多，過度流於精神主義是有違常理的。即使在迪士尼樂園或環球影城，同樣也能帶來新發現吧？親朋好友中若有不願意或是無法登山的人，這種方法才有利於與他們加深交流。

各位理想的旅行是哪一種呢？無論哪一種，只要能夠從不同角度看待旅行，或許就知道如何安排一場讓人生更加充實的旅行。按照興趣規劃也是不錯的選擇。對歷史有興趣的人不妨參觀鮮少人注意的遺跡或老舊街道，喜歡植物的人可挑選非主流植物園或庭園等。

雖然這邊建議各位透過充實的旅行獲得美好的經驗。但是旅行結束後，卻很難維持與旅行過程中相同的幸福感。行程愈是開心，結束後的雀躍程度與行前的落差就愈大。

有報告顯示**選擇悠閒的旅行時，幸福感較易在結束後繼續維持**。挑個鄰近地區來趟小旅行或是當日來回的旅行，不僅能夠輕易成行，過程中也會放鬆許多。這類旅行能夠體驗到的幸福感，高漲程度或許遠遠不如出國旅行，但是回家後仍可享有淡淡的幸福感。

各位不妨試著按照自己的狀況，規劃多種不同性質的旅行吧。

50 將金錢用在經驗上

購買奢侈品所獲得的幸福感相當有限——這裡並不是要建議各位即使有想要什麼，也不必太過在意這種渴望。

想要透過購買某物而獲得幸福時，當然可以實際去做以獲取滿足感，但是據說能夠透過奢侈品提高幸福感的人相當有限。

如果是糧食等生活必需品，當然是能夠得到愈多幸福感就愈高（不如該說，是「連食物都沒有」的不滿足感會降低），不過這裡要談的並非生活必需品。

那麼我們該如何判斷自己是否為「可以藉由奢侈品維持幸福感的人」呢？世界上並沒有對此直接提出答案的研究，但是著眼於相反角度的研究或許值得參考。

據說有一定程度的收入時，**將金錢用在增加經驗，會比單純購物還要有助於提升幸福感**。

舊金山州立大學（San Francisco State University）的霍威爾（R. T. Howell）等人就做了一場研究，調查花錢增加經驗是否真的比單純購物更容易感到幸福？其結果與自律性、認知關聯感、社會比較等心理因素又有什麼樣的關聯性？

這場研究是以大學生為對象，請他們分別寫出過去三個月內花錢增加經驗的項目（看演唱會、外出用餐與旅行等）以及購買有形物品的項目（珠寶、衣服或音響等）。並請他們寫出花錢時是否曾期望藉此更加幸福？是當場付款還是事後付款？

接著評價了購買心理因素，具體來說回答「憑自己的意願決定購買」時屬於**自律性**，回答「為了強化與朋友關係而購買時」時屬於**認知關聯感**，回答「為了能夠活得更有精神」時屬於**活力**，回答「購買時有考量到他人想法」時則為**社會比較**。

接著又透過「這次的購物是否值得」、「購買後變得更幸福」與「這次消費讓其他人更幸福了」評價購物後的幸福感。

將錢用在增加經驗上

演唱會　外出用餐　旅行　SPA

結果增加經驗的項目包括演唱會等的門票、晚餐、旅行與SPA等，有形物品包括衣物、首飾、家電（電視、電腦與音響）、書籍、CD與美容器材。將錢用在前者的人，購物後的幸福感比前者還要高。

此外，可以看出將錢用在增加經驗時，得以提升幸福感的主要路線有兩種。

第一種是**將錢用在增加經驗時的社會比較性質偏弱，所以有助於獲得幸福感**。

第二種是**將錢用在增加經驗後滿足了社會關係，同時認為自己的人生更加有活力了，所以才會帶來幸福感**。

也就是說，將錢用在增加經驗後感到幸福的人，**比較沒那麼重視社會比較且並非獨享購買後的成果，而是透過與某個人一起體驗，感受到對方的幸福後也比較容易意識到自己的幸福**。

各位又是如何呢？如果總是會與某個人比較，很重視與他人的一較高下，並會因此感到喜悅的話，那麼如文章開頭所述，這樣的人或許就可以透過購買奢侈品感到幸福。

如果不認為和他人比較是多重要的事情，且身旁的人不幸福的話自己也難以幸福時，那麼將錢用在購買奢侈品就太浪費了。

想要藉由花錢增加經驗一事提升幸福感，那麼最重要的祕訣就是**無視所有與比較有關的條件**。以外食來說的話，就是不必在意餐廳排行榜。

第二項祕訣則是**和他人一起共享這份經驗而非獨自一人**，且在感受到對方喜悅時，也努力汲取那份喜悅吧，而這樣的努力會是有價值的。

後記

我不曉得本書介紹的建議，是否全部都適合正在閱讀本書的你，但是我可以肯定只要能夠有效運用其中幾項就會比現在幸福許多。

就像衣服一樣，不必完全合身，也可以藉由各自的搭配形成很棒的穿搭不是嗎？同理可證，即使本書的建議並不完全適合自己，也請發揮巧思改造成符合自己的做法。

本書所介紹的五十個習慣，都是經過研究實證的理論。為了可以更淺顯易懂，有些部分的表達或許稍嫌「誇張」。

但是畢竟不是偉人的名言或是沒有根據的傳說，確實有研究證明真的有人因此而幸福，所以請各位務必活用。

接下來請容我實踐透過感謝獲得幸福的習慣。

本書是透過與塞利格曼教授等多位學者的交流而誕生的。

此外，也感謝理事長、校長、系主任等職場方面的各位傾囊相助，這邊恕無法一一列出致謝。

非常感謝在我缺乏食慾時，用美食支撐我的妻子範子。

最後也感謝購買本書並閱讀至此的各位，由衷謝謝各位的支持。

二〇二一年十一月　島井哲志

human functioning. The Journal of Positive Psychology, 13(1), 4-7.

47) Csikszentmihalyi, M., & Hunter, J. (2014). Happiness in everyday life: The uses of experience sampling. In Flow and the foundations of positive psychology (pp. 89-101). Springer, Dordrecht./ Lee, H. W., Shin, S., Bunds, K. S., Kim, M., & Cho, K. M. (2014). Rediscovering the positive psychology of sport participation: Happiness in a ski resort context. Applied Research in Quality of Life, 9(3), 575-590./ Cheng, T. M., & Lu, C. C. (2015). The causal relationships among recreational involvement, flow experience, and well-being for surfing activities. Asia Pacific Journal of Tourism Research, 20 (sup1), 1486-1504.

48) Richardson, M., & McEwan, K. (2018). 30 Days Wild and the relationships between engagement with nature's beauty, nature connectedness and well-being. Frontiers in Psychology, 9, 1500.

49) Filep, S., & Laing, J. (2019). Trends and directions in tourism and positive psychology. Journal of Travel Research, 58(3), 343-354./ Filep, S. (2016). Tourism and positive psychology critique: Too emotional. Annals of Tourism Research, 59(C), 113-115.

50) Howell, R. T., & Hill, G. (2009). The mediators of experiential purchases: Determining the impact of psychological needs satisfaction and social comparison. The Journal of Positive Psychology, 4(6), 511-522.

36) Demir, M. (2010). Close relationships and happiness among emerging adults. Journal of Happiness Studies, 11(3), 293-313.

37) Sheldon, K. M., Abad, N., Ferguson, Y., Gunz, A., Houser-Marko, L., Nichols, C. P., & Lyubomirsky, S. (2010). Persistent pursuit of need-satisfying goals leads to increased happiness: A 6-month experimental longitudinal study. Motivation and emotion, 34(1), 39-48.

38) Reis, H. T., Sheldon, K. M., Gable, S. L., Roscoe, J., & Ryan, R. M. (2000). Daily well-being: The role of autonomy, competence, and relatedness. Personality and social psychology bulletin, 26(4), 419-435.

39) Dunn, E. W., Aknin, L. B., & Norton, M. I. (2008). Spending money on others promotes happiness. Science, 319(5870), 1687-1688.

40) Layout, K., Nelson, S. K., Kurtz, J. L., & Lyubomirsky, S. (2017). What triggers prosocial effort? A positive feedback loop between positive activities, kindness, and well-being. The Journal of Positive Psychology, 12(4), 385-398.

41) Kim, J., & Lee, J. E. R. (2011). The Facebook paths to happiness: Effects of the number of Facebook friends and self-presentation on subjective well-being. CyberPsychology, behavior, and social networking, 14(6), 359-364.

42) Sheldon, K. M., & Yu, S. C. (2021). Methods of gratitude expression and their effects upon well-being: Texting may be just as rewarding as and less risky than face-to-face. The Journal of Positive Psychology, 1-11.

43) Rowland, L., & Curry, O. S. (2019). A range of kindness activities boost happiness. The Journal of social psychology, 159(3), 340-343.

44) King, L. A., Hicks, J. A., Krull, J. L., & Del Gaiso, A. K. (2006). Positive affect and the experience of meaning in life. Journal of personality and social psychology, 90(1), 179-196./ Hicks, J. A., Trent, J., Davis, W. E., & King, L. A. (2012). Positive affect, meaning in life, and future time perspective: An application of socioemotional selectivity theory. Psychology and aging, 27(1), 181-189.

45) Niemiec, R. M., & Wedding, D. (2013). Positive psychology at the movies: Using films to build virtues and character strengths. Hogrefe Publishing./ Bergsma, A. (2010). Can movies enhance happiness? Journal of Happiness Studies, m 11, 655-657./ Chambel, T., Oliveira, E., & Martins, P. (2011, October). Being happy, healthy and whole watching movies that affect our emotions. In International Conference on Affective Computing and Intelligent Interaction (pp. 35-45). Springer, Berlin, Heidelberg./ Hosseini, F. A., Khodabakhshi-koolaee, A., & Taghvaee, D. (2016). Effectiveness of group film therapy on happiness and quality of life among elderly adults of Kahrizak nursing home. Journal of Health Literacy, 1(2), 109-117./ Smithikrai, C., Longthong, N., & Peijsel, C. (2015). Effect of using movies to enhance personal responsibility of university students. Asian Social Science, 11(5), 1-9.

46) Ross, A., Cloutier, S., & Searle, M. (2019). The association between leisure time physical activity and happiness: Testing the indirect role of health perception. Journal of community psychology, 47(5), 1169-1183./ Freire, T. (2018). Leisure and positive psychology: Contributions to optimal

and self-perception: Individual susceptibility to negative social comparison on Facebook. Personality and Individual Differences, 86, 217-221.

29) Taylor, S. E., Kemeny, M. E., Reed, G. M., Bower, J. E., & Gruenewald, T. L. (2000). Psychological resources, positive illusions, and health. American psychologist, 55(1), 99-109./ Kleemans, M., Schlindwein, L. F., & Dohmen, R. (2017). Preadolescents' emotional and prosocial responses to negative TV news: Investigating the beneficial effects of constructive reporting and peer discussion. Journal of youth and adolescence, 46(9), 2060-2072./ Singh, L., Schüpbach, L., Moser, D. A., Wiest, R., Hermans, E. J., & Aue, T. (2020). The effect of optimistic expectancies on attention bias: Neural and behavioral correlates. Scientific reports, 10(1), 1-13.

30) Lyubomirsky, S., Dickerhoof, R., Boehm, J. K., & Sheldon, K. M. (2011). Becoming happier takes both a will and a proper way: an experimental longitudinal intervention to boost well-being. Emotion, 11(2), 391-402./ Sheldon, K. M., & Lyubomirsky, S. (2006). How to increase and sustain positive emotion: The effects of expressing gratitude and visualizing best possible selves. The journal of positive psychology, 1(2), 73-82.

31) Fuochi, G., & Voci, A. (2021). Dealing with the Ups and Downs of Life: Positive Dispositions in Coping with Negative and Positive Events and Their Relationships with Well-Being Indicators. Journal of Happiness Studies, 22(6), 2435-2456./ Neff, K. (2003). Self-compassion: An alternative conceptualization of a healthy attitude toward oneself. Self and identity, 2(2), 85-101.

32) Pan, J. Y., Wong, D. F. K., Chan, C. L. W., & Joubert, L. (2008). Meaning of life as a protective factor of positive affect in acculturation: A resilience framework and a cross-cultural comparison. International Journal of Intercultural Relations, 32(6), 505-514./ Glass, C. R., Gómez, E., & Urzua, A. (2014). Recreation, intercultural friendship, and international students' adaptation to college by region of origin. International Journal of Intercultural Relations, 42, 104-117.

33) Coo, C., & Salanova, M. (2018). Mindfulness can make you happy-and-productive: A mindfulness controlled trial and its effects on happiness, work engagement and performance. Journal of Happiness Studies, 19(6), 1691-1711.

34) Diessner, R., Rust, T., Solom, R. C., Frost, N., & Parsons, L. (2006). Beauty and hope: A moral beauty intervention. Journal of Moral Education, 35(3), 301-317./ Prayer, R. T., Gander, F., Wellenzohn, S., & Ruch, W. (2016). Nine beautiful things: A self-administered online positive psychology intervention on the beauty in nature, arts, and behaviors increases happiness and ameliorates depressive symptoms. Personality and Individual Differences, 94, 189-193.

35) Vazquez, C., Valiente, C., García, F. E., Contreras, A., Peinado, V., Trucharte, A., & Bentall, R. P. (2021). Post-traumatic growth and stress-related responses during the COVTD-19 pandemic in a national representative sample: The role of positive core beliefs about the world and others. Journal of Happiness Studies, 1-21./ Clifton, J. D., & Yaden, D. B. (2021). Brief measures of the four highest-order primal world beliefs. Psychological Assessment.(advanced online publication)./ Clifton, J. D. (2020). Happy in a crummy world: Implications of primal world beliefs for increasing wellbeing through positive psychology interventions. The Journal of Positive Psychology, 15(5), 691-695.

16) Gander, F., Proyer, R. T., Ruth, W., & Wyss, T. (2013). Strength-based positive interventions: Further evidence for their potential in enhancing well-being and alleviating depression. Journal of happiness studies, 14(4), 1241-1259.

17) Rozin, P., Kabnick, K., Pete, E., Fischler, C., & Shields, C. (2003). The ecology of eating: smaller portion sizes in France than in the United States help explain the French paradox. Psychological science, 14(5), 450-454./Fritz, M. M., Armenta, C. N., Walsh, L. C., & Lyubomirsky, S. (2019). Gratitude facilitates healthy eating behavior in adolescents and young adults. Journal of Experimental Social Psychology, 81, 4-14./ Cornil, Y., & Chandon, P (2016). Pleasure as an ally of healthy eating? Contrasting visceral and Epicurean eating pleasure and their association with portion size preferences and wellbeing. Appetite, 104, 52-59.

18) Shin, J. E., & Kim, J. K. (2018). How a good sleep predicts life satisfaction: the role of zero-sum beliefs about happiness. Frontiers in psychology, 9, 1589.

19) Bryant, F. B., Smart, C. M., & King, S. P. (2005). Using the past to enhance the present: Boosting happiness through positive reminiscence. Journal of Happiness Studies, 6(3), 227-260.

20) Otake, K., Shimai, S., Tanaka-Matsumi, J. Otsui, K., & Fredrickson, B. L. (2006). Happy people become happier through kindness: A counting kindnesses intervention. Journal of happiness studies, 7(3), 361-375.

2I) Wellenzohn, S., Prayer, R. T., & Ruch, W. (2016). Humor-based online positive psychology interventions: a randomized placebo-controlled long-term trial. The Journal of Positive Psychology, 11(6), 584-594.

22) Lyubomirsky, S., Dickerhoof, R., Boehm, J. K., & Sheldon, K. M. (2011). Becoming happier takes both a will and a proper way: an experimental longitudinal intervention to boost well-being. Emotion, 11(2), 391-402.

23) Carter, P. J., Hore, B., McGarrigle, L., Edwards, M., Doeg, G., Oakes, R., ··· & Parkinson, J. A. (2018). Happy thoughts: Enhancing well-being in the classroom with a positive events diary. The Journal of Positive Psychology, 13(2), 110-121./ Jose, P. E., Lim, B. T., & Bryant, F. B. (2012). Does savoring increase happiness? A daily diary study. The Journal of Positive Psychology, 7(3), 176-187.

24) Ró ycka-Tran, J., Boski, P., & Wojciszke, B. (2015). Belief in a zero-sum game as a social axiom: A 37-nation study. Journal of Cross-Cultural Psychology, 46(4), 525-548.

25) Humphrey, A., Szoka, R., & Bastian, B. (2021). When the pursuit of happiness backfires: The role of negative emotion valuation. The Journal of Positive Psychology, 1-9.

26) King, L. A., Hicks, J. A., Krull, J. L., & Del Gaiso, A. K. (2006). Positive affect and the experience of meaning in life. Journal of personality and social psychology, 90(1), 179-196.

27) Hershfield, H. E., Mogilner, C., & Barnea, U. (2016). People who choose time over money are happier. Social Psychological and Personality Science, 7(7), 697-706.

28) Fujita, F. (2008). The frequency of social comparison and its relation to subjective well-being. The science of subjective well-being, 239-257. / De Vries, D. A., & Kühne, R. (2015). Facebook

參考文獻

1) Csikszentmihalyi, M. (1999). If we are so rich, why aren't we happy?. American psychologist, 54(10), 821./ Asakawa, K. (2010). Flow experience, culture, and well-being: How do autotelic Japanese college students feel, behave, and think in their daily lives?. Journal of happiness studies, 11(2), 205-223. Habe, K., Biasutti, M., & Kajtna, T. (2019). Flow and satisfaction with life in elite musicians and top athletes. Frontiers in psychology, 10, 698.

2) Slemp, G. R., Kern, M. L., & Vella-Brodrick, D. A. (2015). Workplace well-being: The role of job crafting and autonomy support. Psychology of Well-being, 5(1), 1-17.

3) Ouweneel, E., Le Blanc, P. M., & Schaufeli, W. B. (2013). Do it yourself: An online positive psychology intervention to promote positive emotions, self efficacy, and engagement at work. Career Development International, 18(2), 173-195.

4) Youssef, C. M., & Luthans, F. (2007). Positive organizational behavior in the workplace: The impact of hope, optimism, and resilience. Journal of management, 33(5), 774-800.

5), 6) Luthans, E, Avolio, B. J., Avey, J. B., & Norman, S. M. (2007). Positive psychological capital: Measurement and relationship with performance and satisfaction. Personnel psychology, 60(3), 541-572.

7) Chancellor, J., Margolis, S., Jacobs Bao, K., & Lyubomirsky, S. (2018). Everyday prosociality in the workplace: The reinforcing benefits of giving, getting, and glimpsing. Emotion, 18(4), 507-517.

8) Tsuji, S., Sato, N., Yano, K., Broad, J., & Luthans, E (2019, October). Employees' Wearable Measure of Face-to-Face Communication Relates to Their Positive Psychological Capital, Well-Being. In IEEE/WIC/ACM International Conference on Web Intelligence-Companion Volume (pp. 14-20).

9) Kaplan, S., Bradley-Geist, J. C., Ahmad, A., Anderson, A., Hargrove, A. K., & Lindsey, A. (2014). A test of two positive psychology interventions to increase employee well-being. Journal of Business and Psychology, 29(3), 367-380.

10) Lyubomirsky, S., Dickerhoof, R., Boehm, J. K., & Sheldon, K. M. (2011). Becoming happier takes both a will and a proper way: an experimental longitudinal intervention to boost well-being. Emotion, 11(2), 391-402.

11), 12) Sheldon, K. M., & Lyubomirsky, S. (2006). Achieving sustainable gains in happiness: Change your actions, not your circumstances. Journal of happiness studies, 7(1), 55-86.

13) Shin, L., Ruberton, P., & Lyubomirsky, S. (2018). The Spotlight activity: Development and feasibility test of a naturalistic attention-redirection well-being intervention. Journal of Positive School Psychology, 2(1), 64-91.

14) Jose, P E., Lim, B. T., & Bryant, F. B. (2012). Does savoring increase happiness? A daily diary study. The Journal of Positive Psychology, 7(3), 176-187.

15) Margolis, S., & Lyubomirsky, S. (2020). Experimental manipulation of extraverted and introverted behavior and its effects on well-being. Journal of Experimental Psychology: General, 149(4), 719-731.

■作者簡歷

島井哲志

關西福祉科學大學　心理科學系教授
關西福祉科學大學研究所　心理臨床學專攻代表
關西學院大學研究所　文學研究系　心理學專攻博士課程修畢
取得福島縣立醫科大學的醫學博士學位

指導健康心理師，取得心理師資格認證，專攻正向心理學、健康心理學與公眾衛生學。
將正向心理學帶進日本，致力於主觀幸福感、強項、人生意義等的研究，並透過日本心理學會與公眾衛生協會的學術研討會宣揚正向心理學。

KAGAKU TEKINI KOUFUKUDO WO TAKAMERU 50 NO SHUUKAN
Copyright © 2021 Satoshi Shimai
All rights reserved.
Originally published in Japan by ASUKA Publishing Inc.,
Chinese (in traditional character only) translation rights arranged with
ASUKA Publishing Inc., through CREEK & RIVER Co., Ltd.

錢能買到快樂嗎？

出　　版／楓葉社文化事業有限公司
地　　址／新北市板橋區信義路163巷3號10樓
郵政劃撥／19907596 楓書坊文化出版社
網　　址／www.maplebook.com.tw
電　　話／02-2957-6096
傳　　真／02-2957-6435
作　　者／島井哲志
翻　　譯／黃筱涵
責任編輯／江婉瑄
內文排版／洪浩剛
校　　對／邱鈺萱
港澳經銷／泛華發行代理有限公司
定　　價／350元
初版日期／2022年11月

國家圖書館出版品預行編目資料

錢能買到快樂嗎? / 島井哲志作 ; 黃筱涵譯. -- 初版. -- 新北市 : 楓葉社文化事業有限公司, 2022.11　面；　公分

ISBN 978-986-370-479-9（平裝）

1. 心理學 2. 幸福 3. 生活指導

176.51　　1110144096